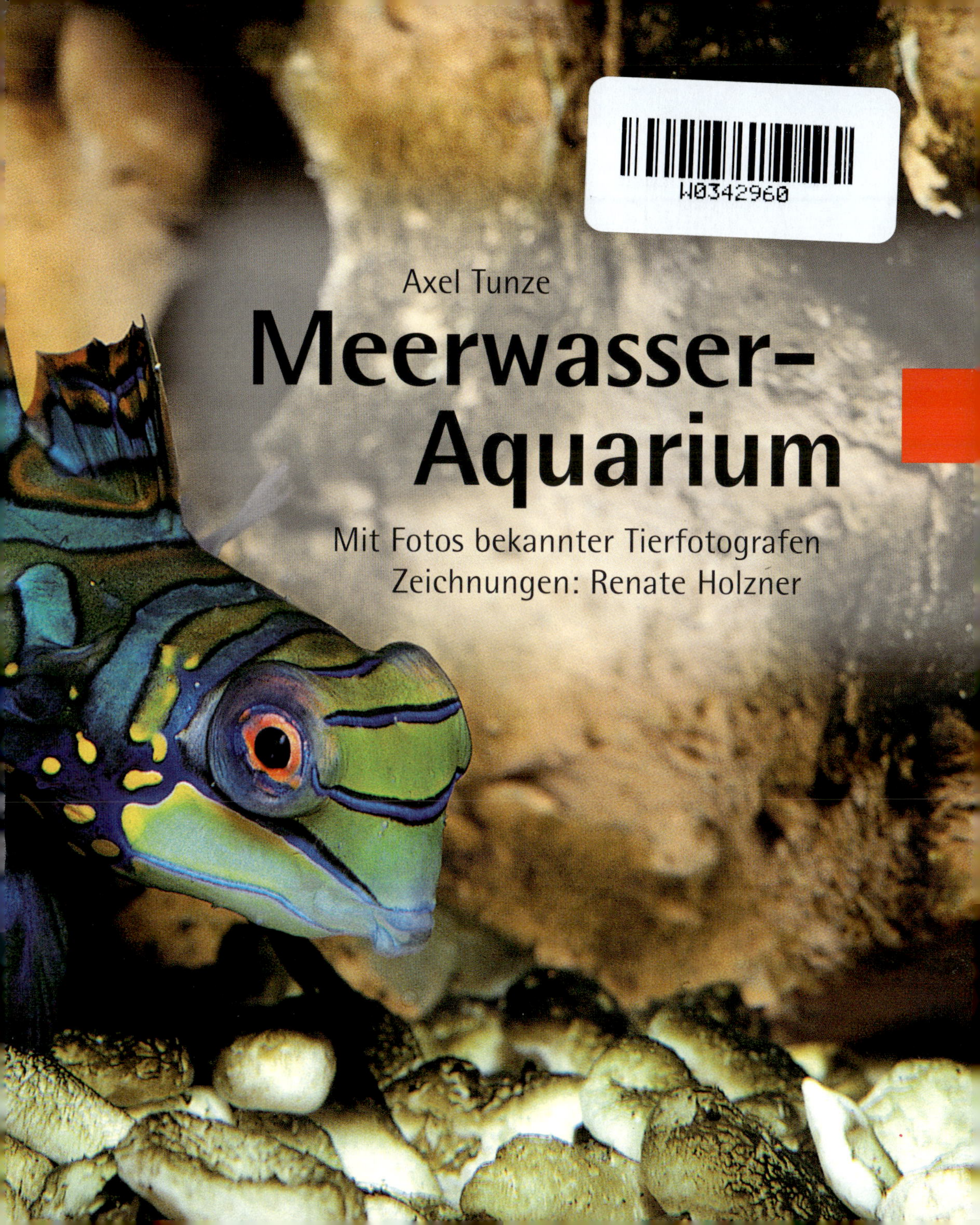

Axel Tunze

Meerwasser-Aquarium

Mit Fotos bekannter Tierfotografen
Zeichnungen: Renate Holzner

INHALT

TYPISCH MEERWASSERAQUARIUM

- Leuchtend bunte Fische und bizarr geformte Korallen.
- Farbenprächtige Garnelen, Krebse, Muscheln und Seesterne.
- Die Lebensgemeinschaft von Fischen und wirbellosen Tieren bietet interessante Beobachtungsmöglichkeiten.
- Verbessertes Wohnklima, ideal für Atemwegs- und Hauterkrankungen.
- Das Beobachten der Tiere gibt Ruhe und Ausgeglichenheit.

Die meisten Meerwasseraquarien sind einem der faszinierendsten und artenreichsten Lebensräume unserer Erde nachempfunden – den tropischen Korallenriffen. Hier leben neben auffällig gefärbten Fischen und Höheren Algen, die mit den Süßwasserpflanzen verwandt sind, wirbellose Tiere wie Korallen, Krebse, Garnelen, Muscheln, Seesterne und Seeigel. Vorwiegend stammen sie von den Korallenriffen Indonesiens und der Philippinen. Einige wenige Arten kommen aus der Karibik, von Hawaii oder den Riffen Australiens.
Auch im Aquarium bilden Fische und Wirbellose ein einzigartiges Ökosystem und dem Beobachter bieten sich eine Vielzahl interessanter Verhaltensmuster: orange-weiß-geringelte Clownfisch-Pärchen, die zwischen den Tentakeln einer Anemone leben, Korallen, die sich mit Hilfe von eingelagerten Algen und Licht ernähren, Putzergarnelen, die Fische von unliebsamen Parasiten befreien oder die skurrilen Seepferdchen, bei denen die Männchen den Nachwuchs zur Welt bringen.

ENTSCHEIDUNGSHILFEN

1 Die Anschaffungskosten für ein Meerwasseraquarium sind wegen der hohen Zahl der Bewohner, der umfangreichen Technik und der großen Einstiegsgröße der Aquarienbecken (ca. 300 Liter) relativ hoch.

2 Bedenken Sie auch die laufenden Kosten. Große Aquarien verbrauchen viel Strom für Licht und Heizung. Unzureichende Aquarientechnik oder fehlendes Pflegewissen können diese Kosten erheblich erhöhen.

3 Kenntnisse zur Technik und zur richtigen Pflege des Aquariums sind unbedingt erforderlich. Informieren Sie sich vor dem Kauf bei erfahrenen Meerwasseraquarianern oder Fachhändlern.

4 Der Pflegeaufwand für ein richtig geplantes und eingerichtetes Meerwasseraquarium ist bei guter und geübter Pflege relativ gering und entspricht dem Aufwand für ein Süßwasseraquarium.

5 Sie sollten Spaß am Beobachten der Tiere haben. Geht es Ihnen jedoch vorwiegend um den dekorativen Wert des Aquariums, sollten Sie die Pflege besser einem erfahrenen Aquarianer (z.B. Fachhändler) überlassen.

6 Während der Urlaubszeit brauchen Sie eine zuverlässige Vertretung, die die Pflege Ihres Aquariums übernimmt.

7 Vergewissern Sie sich, daß der geplante Standort des Aquariums ausreichend Tragkraft für das Gewicht des Beckens hat. Befragen Sie hierzu Ihren Architekten oder Vermieter.

8 Ein Meerwasseraquarium stellt für Allergiker so gut wie kein Risiko dar. Es ist für die Behandlung von Haut- und Atemwegserkrankungen sogar empfehlenswert, weil das Wohnklima durch Aerosole (Salzwasserdämpfe) verbessert wird.

9 Bedenken Sie, daß ein gut gepflegtes Aquarium 10 Jahre und länger Bestand haben kann. Meerwasserfische können 10 bis 15 Jahre alt werden.

Ein Vergleich mit dem Süßwasseraquarium

Im Gegensatz zum Süßwasseraquarium leben im Meerwasseraquarium neben Fischen und Algen auch Korallen und andere wirbellose Tiere. Wirbellose stellen einen hohen Anspruch an die Qualität des Aquarienwassers und erfordern deshalb einen höheren technischen Aufwand für die Wasseraufbereitung, als dies bei einem Süßwasseraquarium nötig ist. Aufgrund der Artenvielfalt im Meerwasseraquarium muß auch stärker auf die richtige Vergesellschaftung der verschiedenen Tier- und Pflanzenarten geachtet werden, denn nur so kann ein stabiles Biotop im Aquarium entstehen. Ein gut geplantes und eingerichtetes Meerwasseraquarium beansprucht aber kaum mehr Pflegeaufwand als ein Süßwasseraquarium.

AUSWAHL DER AQUARIENBEWOHNER

Fische, Algen, Korallen, Seesterne, Krebse und Garnelen: Die Artenvielfalt im Meerwasseraquarium ist groß. Vor dem Kauf muß sich der Aquarienliebhaber deshalb genau über die Bedürfnisse der verschiedenen Arten und die richtige Vergesellschaftung von Tieren und Pflanzen informieren.

Ökosystem Meerwasseraquarium

Bei der Einrichtung eines Meerwasseraquariums ist die richtige Vergesellschaftung von Fischen, Wirbellosen und Höheren Algen von großer Bedeutung. Ein ökologisches Gleichgewicht im Aquarium entsteht nur dann, wenn der Besatz mit Tieren und Pflanzen genau abgestimmt wird. Viele Arten erfüllen im Aquarium einen ökologischen »Zweck«. Z.B. dienen Höhere Algen nicht nur der Dekoration, sondern in erster Linie als Nahrungsquelle für Fische, z.B. Doktorfische, die das schnelle Wachstum dieser Algen begrenzen. Schleimfische und Grundeln vertilgen die im Aquarium unerwünschten Faden- und Schmieralgen. Bei der Auswahl der Aquarienbewohner sollten Sie deshalb nicht nur auf die Attraktivität der Arten achten, sondern ihren ökologischen Nutzen bedenken. Falscher Besatz oder ein Überbesatz mit Tieren kann zu Belastung des Wassers mit Schadstoffen (z.B. tierischen Ausscheidungen) führen. Wenn Sie Ihr Aquarium als Ökosystem einrichten, lernen Sie nicht nur interessante Lebensformen kennen, sondern erzielen auch eine höhere Wassergüte. Vorschläge für die richtige Besetzung Ihres Aquariums, finden Sie auf den Seiten 28/29.

Tropische Korallenriffe faszinieren durch die Vielfalt und die Farbenpracht ihrer Bewohner.

Wissenswertes zum Kauf

Fische, Algen, Korallen und andere Wirbellose sind im Zoofachhandel erhältlich. Die hier angebotenen Arten, werden überwiegend aus ihren Ursprungsländern importiert oder stammen aus Nachzuchten (→ TIP, Seite 17).

Einen guten Fachhändler erkennen Sie daran, daß er Ihnen Schauaquarien vorweisen kann, die länger als ein Jahr erfolgreich - mit gleichem Tierbesatz - gepflegt werden.

Beachten Sie beim Kauf folgende Punkte:

✔ Vor dem Kauf von Tieren und Pflanzen muß die vollständige Aquarienanlage vorhanden und das Aquarium eingerichtet sein (→ Seite 31).

✔ Das Meerwasser muß mindestens zwei Wochen im Aquarium angesetzt werden (→ Aquarium einfahren, Seite 39), bevor die ersten Bewohner eingesetzt werden können.

✔ Besetzen Sie das Aquarium mindestens zu 30% mit lebenden Steinen (natürliches von Algen, Schwämmen, kleinen Krebsen und Schnekken bewohntes Riffgestein; → Seite 39), Algen und Korallen, bevor Sie Fische einsetzen.

Checkliste
Kauf

1 **Vor dem Kauf von Tieren und Pflanzen muß das Aquarium eingerichtet und komplett mit technischen Geräten ausgestattet sein. Das Meerwasser muß mindestens zwei Wochen lang angesetzt werden (→ Seite 39).**

2 **Kaufen Sie nur pflegeleichte Tiere und achten Sie auf die richtige Vergesellschaftung, damit Ihr Start in die Meerwasseraquaristik nicht mit unnötigen Tierverlusten endet (→ Seite 28/29).**

3 **Informieren Sie sich über die Eingewöhnungszeit der Tiere beim Händler (vier Wochen) und über individuelle Futteransprüche.**

4 **Fische müssen beim Kauf parasitenfrei sein. Sie dürfen keine weißen Punkte und Flecken auf der Haut aufweisen.**

5 **Korallen sollten beim Kauf voll geöffnet sein.**

Auswahl von Tieren und Pflanzen

Fische: Da die meisten im Zoofachhandel angebotenen Meerwasserfische direkt aus ihren Ursprungsgebieten stammen, müssen sie erst an das Leben im Aquarium gewöhnt werden. Fische, die beim Fachhändler eingewöhnt werden, sind zwar etwas teurer, sind aber weniger anfällig für Krankheiten. Die Eingewöhnungsdauer beim Händler sollte etwa vier Wochen betragen.

Beachten Sie bei der Auswahl folgendes:

✔ Die Fische dürfen keinesfalls abgemagert sein. Je dicker sie sind, desto besser vertragen sie das Umsetzen in Ihr Aquarium.

✔ Lassen Sie sich vom Händler zeigen, ob die Fische (Gefrier-) Futter aufnehmen und kaufen Sie anfangs Futter, an das die Fische beim Zoofachhändler bereits gewöhnt wurden.

✔ Die Fische müssen parasitenfrei sein, d.h. sie dürfen keine weißen Punkte oder Flecken auf der Haut aufweisen. Auch das Kratzen der Haut an Steinen und Korallen ist ein Indiz für den Befall mit Parasiten (→ Seite 50).

✔ Wählen Sie nur Fischarten aus, die für die Größe Ihres Aquariums geeignet sind.

✔ Kaufen Sie Jungtiere, die sich schneller an das Aquarienleben gewöhnen als ältere Fische.

✔ Kombinieren Sie nur untereinander verträgliche Fischarten und stimmen Sie die Anzahl der Fische auf die Größe Ihres Aquariums ab (→ Besatzvorschläge, Seite 28/29).

Korallen sollten beim Kauf voll geöffnet sein. Informieren Sie sich beim Händler über die Ansprüche der Korallen an Licht, Futter, Strömung und Wasserreinheitswerte. Der Standort der Korallen im Händlerbecken ist ein guter Anhaltspunkt für die Plazierung im eigenen Aquarium.

Garnelen, Krebse, Muscheln, Seeigel und andere wirbellose Tiere sind Futterspezialisten. Informieren Sie sich beim Kauf genau über die individuellen Futteransprüche. Seesterne nicht in ein neu eingerichtetes Aquarium einsetzen.

Ein fertig eingerichtetes Meerwasseraquarium mit seinen Korallen und bunten Fischen ist ein faszinierender Blickfang.

Höhere Algen kann man als Büschel kaufen. Wenn Sie ein größeres Algenfeld im Aquarium erhalten wollen, sollten Sie nicht zu viele algenfressende Fische ins Aquarium einsetzen.

Der Transport

Der Zoofachhändler verpackt Fische und wirbellose Tiere in einem mit Meerwasser gefüllten Plastikbeutel. Sind die Tiere gesund, können sie einige Stunden bei einer Temperatur von 20 bis 25 °C transportiert werden. Da der Transport die Tiere unter Streß setzt, sollten Sie ihn aber so kurz wie möglich halten. Um die Temperatur konstant zu halten, sollte der Beutel in einem isolierten Behälter (Thermotasche) aufbewahrt oder in eine Decke eingewickelt werden. Sind die Tiere gesund und vom Zoofachhändler eingewöhnt, können sie in das Aquarium eingesetzt werden (→ Seite 41).

Hinweis: Vorsichtige Aquarianer halten neu erworbene Tiere zuerst für einige Wochen in einem separaten Quarantäneaquarium, um zu verhindern, daß bereits im Aquarium lebende Tiere mit Krankheiten angesteckt werden. Wurden die Tiere beim Händler eingewöhnt, ist Quarantäne vor dem Einsetzen in das Aquarium nicht erforderlich.

Blaugrüne Riffbarsche (Chromis viridis) leben im Schwarm und schimmern je nach Lichteinfall grün oder blau.

Tiere und Pflanzen im Meerwasseraquarium

Im folgenden finden Sie eine Auswahl pflegeleichter und gut miteinander kombinierbarer Tier- und Pflanzenarten. Alle Arten sind bei Wassertemperaturen von 24 bis 28 °C zu halten.
Größe: Die Angaben sind Mittelwerte, auf die die Arten in einem 300 Liter fassenden Aquarium heranwachsen. In freier Natur können die Größen von diesen Erfahrungswerten abweichen.
Vergesellschaftung: Genannt werden hier Besonderheiten, die Sie bei der Vergesellschaftung beachten müssen. Drei konkrete Beispiele, wie Sie die vorgestellten Arten miteinander vergesellschaften können, finden Sie auf der Praxis-Seite »Besatzvorschläge« (→ Seite 28/29).

Meerwasserfische

Fische sollten, wenn es die Aquariengröße zuläßt, möglichst als Paar gehalten werden. Dies entspricht dem natürlichen Verhaltensmuster vieler Arten besser als die Haltung eines einzelnen Exemplars. Die Paarhaltung erhöht die Lebenserwartung vieler Fische. Ausnahmen sind sehr dominante Fischarten, wie z.B. Doktorfische, die in kleinen Aquarien besser einzeln gehalten werden sollten, da Revierkämpfe sonst unvermeidbar sind.

Schwarz Gerandeter Orangeringel-Clownfisch
Amphiprion percula (→ Foto, Seite 15)
Familie: Anemonenfische (*Pomacentridae*)
Größe: 5-8 cm.
Pflege: Als Paar zusammen mit einer Symbioseanemone (→ Seite 22) halten, zwischen deren Tentakeln die Fische leben. Aquarium mit einem kleinen und einem großen Fisch besetzen, da alle Tiere bei der Geburt männlich sind und nur das größere später weiblich wird.
Ernährung: Kleinkrebse (auch Gefrierfutter).
Vergesellschaftung: Friedlich gegenüber anderen Fischen, außer wenn sie ihre Anemone oder ein Gelege verteidigen. Zweites Paar nur in Becken über 1,5 Meter Länge einsetzen.
Ähnlich zu pflegen: **Orangeringel-Clownfisch**, *Amphiprion ocellaris*, 5-8 cm. **Weißstirnanemonenfisch**, *Amphiprion perideraion* (→ Seite 52), 5-8 cm.

Gelber Seebader
Zebrasoma flavescens (→ Foto, Seite 15)
Familie: Doktorfische (*Acanthuridae*)
Größe: 5-15 cm.
Pflege: Benötigt feinen Sand, der zur besseren Verdauung der Nahrung aufgenommen wird.
Ernährung: Algen, Kleinkrebse (Gefrierfutter). Sie können viel Höhere Algen vertilgen.
Vergesellschaftung: Sehr dominanter Fisch, der viel Platz beansprucht. Nur ein Exemplar halten, da Revierkämpfe zwischen Gelben Seebadern tödlich enden können.
Ähnlich zu pflegen: **Gelbschwanz-Seebader**, *Zebrasoma xanthurum* (→ Seite 13), 10-15 cm. **Desjardins Seebader**, *Zebrasoma desjardini* (→ Seite 44), 10-15 cm.

Paletten-Doktorfisch
Paracanthurus hepatus (→ Foto, Seite 15)
Familie: Doktorfische (*Acanthuridae*)
Größe: 5-20 cm.
Pflege: Benötigt feinen Sand, der zur besseren Verdauung der Nahrung aufgenommen wird. Etwas krankheitsanfällig; Eingewöhnungszeit beim Händler sollte deshalb 4 bis 6 Wochen betragen.
Ernährung: Algen, Kleinkrebse (auch Gefrierfutter). Frißt auch große Mengen Höherer Algen.
Vergesellschaftung: Nur ein Exemplar der Art halten, um Revierkämpfe zu vermeiden.
Ähnlich zu pflegen: **Blaustreifen-Borstenzahn-Doktorfisch**, *Ctenochaetus strigosus* (→ Seite 51), 15-20 cm.

Blaugrüner Riffbarsch
Chromis viridis (→ Foto, Seite 12)
Familie: Riffbarsche (*Pomacentridae*)
Größe: 5-7 cm.
Pflege: Mindestens vier Exemplare sollten im Schwarm gehalten werden.
Ernährung: Kleinkrebse (auch Gefrierfutter).
Vergesellschaftung: Schnell fressende Fische; achten Sie darauf, daß langsam fressende Arten bei der Fütterung nicht zu kurz kommen.
Ähnlich zu pflegen: **Saphir-Riffbarsch**, *Chrysiptera cyanea*, 5-7 cm. **Gelbschwanz-Demoiselle**, *Chrysiptera parasema* (→ Seite 50), 5-7 cm.

Junger Gelbschwanz-Seebader (Zebrasoma xanthurum)

Roter Zwergkaiserfisch

Langschnauzen-Büschelbarsch
Oxycirrhites typus (→ Foto, Seite 6/7)
Familie: Büschelbarsche (*Cirrhitidae*)
Größe: 5-10 cm.
Pflege: Kann aufgrund eines Fluchtreflexes aus dem Becken springen; Aquarium abdecken!
Ernährung: Kleinkrebse (auch Gefrierfutter).
Vergesellschaftung: Nicht zusammen mit kleinen Garnelen halten. Sie werden als Futter angesehen.
Ähnlich zu pflegen: **Flammenwächter-Büschelbarsch**, *Neocirrhites armatus* (→ Seite 48), 5-8 cm. **Falks Büschelbarsch**, *Cirrhitichthys falco* (→ Seite 64), 5-8 cm.

Gelber Lippfisch

Königs-Feenbarsch

Mandarinfisch
Synchiropus splendidus (→ Seite 1)
Familie: Leierfische (*Callionymidae*)
Größe: 5-8 cm.
Pflege: Benötigt natürliches Futteraufkommen (Korallen, Algen, lebende Steine); erst nach 3 Monaten Einlaufzeit in das Aquarium einsetzen.

Mandarinfisch

Schwarz Gerandete Orangeringel-Clownfische

Gelber Seebader

Braunstreifen-Grundeln

Ernährung: Algen, Kleinkrebse (auch kleines Gefrierfutter z.B. Artemia, Mysis).
Vergesellschaftung: Niemals zwei männliche Fische halten (Revierkämpfe). Männchen haben einen verlängerten ersten Rückenflossenstrahl.
Besonderheiten: Beim Balzen kann ein Fisch aus dem Aquarium springen; Aquarium abdecken.
Ähnlich zu pflegen: **LSD-Mandarinfisch**, *Synchiropus picturatus* (→ Seite 42), 4-7 cm.

Gelber Lippfisch
Halichoeres chrysus (→ Seite 14)
Familie: Lippfische (*Labridae*)
Größe: 6-8 cm.
Pflege: Benötigt feinen bis mittelgroben Bodengrund (2 cm Höhe), da er sich zum Schlafen im Sand eingräbt. Bei Haltung von 2 Exemplaren entwickelt sich das größere zum Männchen.
Ernährung: Kleinkrebse (auch Gefrierfutter).
Vergesellschaftung: Gut verträglich mit allen Fischarten.
Ähnlich zu pflegen: **Sechsstreifen-Lippfisch**, *Pseudocheilinus hexataenia* (→ Seite 33), 6-8 cm. **Putzerfisch**, *Labroides dimidiatus* (→ Seite 57) 6-8 cm, befreit andere Fische von Parasiten.

Paletten-Doktorfisch

Rotschwanz-Schleimfisch
Escenius bicolor (→ Seite 59)
Familie: Schleimfische (*Blenniidae*)
Größe: 5-8 cm.
Pflege: Benötigt zum Schlafen Röhren und Löcher im Gestein. Deckt einen Teil seines Nahrungsbedarfs mit im Aquarium wachsenden Algen und hält es frei von lästigen Fadenalgen; für jedes Aquarium empfehlenswert.
Ernährung: Algen, Kleinkrebse (Gefrierfutter).
Vergesellschaftung: Da sich bei normalem Algenwachstum nur ein Schleimfisch ausreichend ernähren kann und wegen häufigen Revierkämpfen, nur ein Exemplar halten.
Besonderheiten: Nur schwach mit Schuppen besetzte Außenhaut; Schleimfische besitzen dafür eine stärker ausgebildete Schleimschicht.
Ähnlich zu pflegen: **Gestreifter Felsenspringer**, *Salarias fasciatus*, 8-12 cm. **Brauner Felsenspringer**, *Altrosalarias fuscus*, 5-8 cm.

Braunstreifen-Grundel
Amblygobius phalaena (→ Seite 15)
Familie: Grundeln (*Gobiidae*)
Größe: 8-12 cm.
Pflege: Benötigt feinen Korallensand, der ins Maul aufgenommen und durch die Kiemen gesiebt wird.
Ernährung: Algen, Kleinkrebse (auch Gefrierfutter). Hält das Aquarium frei von Schmieralgen.
Vergesellschaftung: Mit allen Fischarten verträglich. Zwei Exemplare schon als Paar kaufen.
Besonderheiten: Durchgräbt den Bodengrund und beugt so schädlichen Ablagerungen vor.
Ähnlich zu pflegen: **Blaustreifen-Schläfergrundel**, *Eleotriodes strigaturus* (→ Seite 56), 8-12 cm.

Roter Zwergkaiserfisch
Centropyge loriculus (→ Seite 14)
Familie: Kaiserfische (*Pomacanthidae*)
Größe: 5-7 cm.
Pflege: Wie Doktorfische (→ Seite 13).
Ernährung: Algen, Kleinkrebse (auch Gefrierfutter).
Vergesellschaftung: Nicht mit ähnlich gefärbten Zwergkaiserfischen halten (Revierkämpfe). Zwei Exemplare am besten schon als Paar kaufen.
Besonderheiten: Zupft u.U. an Korallenpolypen.
Ähnlich zu pflegen: **Orangerücken-Herzogfisch**, *Centropyge acanthops*, 5-8 cm. **Gestreifter Zwergkaiserfisch**, *Centropyge bispinosus*, 5-8 cm.

Königs-Feenbarsch
Gramma loreto (→ Seite 14)
Familie: Feenbarsche (*Grammidae*)
Größe: 5-8 cm.
Pflege: Benötigt Steine mit kleinen Höhlen; kaum krankheitsanfällig.
Ernährung: Kleinkrebse (Gefrierfutter).
Vergesellschaftung: Aufgrund von Revierkämpfen nicht mit ähnlich gefärbten Zwergbarschen

Büschelbarsche sitzen auf Steinen und Korallen und beobachten ihre Umgebung.

vergesellschaften (z.B. Nymphenzwergbarsch).
Besonderheiten: Kleidet Bruthöhle zum Ablaichen mit Höheren Algen aus.
Ähnlich zu pflegen: **Schwarzkappen-Feenbarsch**, *Gramma melacara* (→ Seite 38) 5-8 cm. **König-Salomon-Fischchen**, *Pseudochromis fridmani* (→ Seite 35), 5-6 cm. **Nymphen-Zwergbarsch**, *Pseudochromis paccagnellae*, 5-6 cm.

Echter Mirakelbarsch
Calloplesiops altivelis (→ Seite 56)
Familie: Mirakelbarsche (*Plesiopidae*)
Größe: 10-15 cm.
Pflege: Kaum krankheitsanfällig; benötigt einen Steinaufbau mit größeren Höhlen oder Vorsprüngen, in den er sich tagsüber zurückzieht.
Ernährung: Kleinkrebse (auch Gefrierfutter).
Vergesellschaftung: Nicht mit kleinen Garnelen halten, da sie als Futter angesehen werden.
Ähnlich zu pflegen: **Phantom-Mirakelbarsch**, *Calloplesiops argus*, 10-18 cm.

Variables Seepferdchen
Hippocampus kuda (→ Seite 57)
Familie: Seepferdchen (*Syngnathidae*)
Größe: 5-10 cm.
Pflege: Futter muß in den direkten Schwimmbereich des Seepferdchens gegeben werden.
Ernährung: Kleinkrebse (auch Gefrierfutter). Seepferdchen haben anfangs Schwierigkeiten, nicht lebende Nahrung aufzunehmen.
Vergesellschaftung: Nicht zusammen mit schnell fressenden Fischen (z.B. Barschen) halten. Seepferdchen fressen sehr langsam und kommen bei der Fütterung leicht zu kurz .
Besonderheiten: Färbt sich von lehmgelb bis braun (Tarn-, Balzverhalten). Eier werden vom Weibchen in den Bauchbeutel des Männchens gelegt, dort befruchtet und ausgetragen.
Ähnlich zu pflegen: Alle Seepferdchen- und Seenadelarten.

TIP

Artenschutz

Zum 1. Juni 1997 hat die Europäische Union die Artenschutzverordnung EG 338/97 erlassen, die das Washingtoner Artenschutzübereinkommen (WA) für Europa umsetzt und Ein- und Ausfuhr geschützter Tier- und Pflanzenarten für alle Mitgliedsländer der EU regelt. Entsprechend dem Grad ihrer Gefährdung werden die geschützen Arten in den Anhängen A, B, C und D aufgelistet.
In Deutschland regelt zusätzlich die Bundesartenschutzverordnung, BArtSchV, den Schutz bedrohter Arten.
In diesem Ratgeber werden nur Arten vorgestellt, die auch gepflegt, gezüchtet und weitergegeben werden dürfen. Die im Zoofachhandel angebotenen Arten müssen die gesetzlichen Artenschutzbestimmungen erfüllen und können legal erworben werden. Unter Artenschutz steht die Mördermuschel, *Tridacna maxima* (→ Seite 26). Von letzterer dürfen nur aus Nachzuchten stammende Exemplare im Zoofachhandel angeboten werden. Um sicherzugehen, sollten Sie vom Verkäufer einen Herkunftsnachweis fordern. Bitte beachten Sie, daß sich die gesetzlichen Bestimmungen ändern können. Beim Fachhändler, in Fachzeitschriften oder bei Verbänden (z.B. Bundesverband für fachgerechten Natur- und Artenschutz e.V., BNA, oder Verein deutscher Aquarien- und Terrarienkunde e.V., VDA; → Adressen, Seite 62) können Sie sich über den jeweils aktuellen Gesetzesstand informieren.

Prachtanemone

Gelbe Krustenanemone

Korallen

Im folgenden finden Sie eine Auswahl gut miteinander kombinierbarer Korallen, die auch in einem Anfängeraquarium gepflegt werden können. Steinkorallen werden in diesem Ratgeber nicht berücksichtigt, da sie sehr hohe Pflegeansprüche stellen.

Pilz-Lederkoralle (oben), Bäumchen-Weichkoralle (unten)

Pilz-Lederkoralle
Sarcophyton glaucum
Familie: Lederkorallen (*Alcyoniidae*).
Größe: 5-30 cm.
Pflege: Benötigt einen Standort mit viel Strömung und Licht. Anfällig gegen gut getarnte Nacktschnecken und parasitäre Krebse (→ Seite 51).
Ernährung: Vorwiegend über Zooxanthellen von Licht; auch organische im Wasser gelöste Substanzen und Plankton.
Vergesellschaftung: Lassen sich problemlos mit nahezu allen anderen Wirbellosen und mit allen Fischarten halten.
Besonderheiten: Häutet sich regelmäßig. Dabei werden die Polypen eingezogen, eine dünne

Bäumchen-Weichkoralle

Grüne Röhrenkoralle

Große Krustenanemone

Strauß-Weichkoralle

durchsichtige Haut löst sich. Abgetrennte Teile wachsen von selbst am Boden an und bilden eine neue Kolonie.
Ähnlich zu pflegen: **Pilz-Lederkoralle**, *Sarcophyton ehrenbergi*, 5-30 cm. **Finger-Lederkoralle**, *Sinularia polydactyla*, 5-30 cm, bildet viele Ableger und kann mit der Zeit viel Platz beanspruchen. **Flachwachsende Lederkoralle**, *Lobophytum crassum*, 5-40 cm.

Bäumchen-Weichkoralle
Cladiella sp. (→ Foto, Seite 18)
Familie: Lederkorallen (*Alcyoniidae*)
Größe: 5-25 cm.
Pflege: Benötigt einen Standort mit mäßiger Strömung und viel Licht. Anfällig gegen gut getarnte Nacktschnecken.
Ernährung: Vorwiegend über Zooxanthellen von Licht; auch organische, im Wasser gelöste Substanzen und Plankton.
Vergesellschaftung: Empfindlich gegen benachbarte nesselnde Korallen (z.B. Anemonen); eine Handbreit Abstand halten.

Scheibenanemone

TIP

Was sind Wirbellose?

Wegen des Fehlens einer Wirbelsäule werden Korallen, Krebse, Seesterne, Seeigel, Schnecken und viele andere Niedere Tiere als Wirbellose bezeichnet. Korallen sind koloniebildende Hohltiere und ernähren sich überwiegend mit Hilfe von in ihrem Gewebe eingelagerten Algen, sogenannten Zooxanthellen. Diese versorgen die Korallen durch Photosynthese mit Sauerstoff und Nährstoffen. Über Mundöffnungen des Korallenpolypen können sie auch im Wasser gelöste organische Substanzen und Plankton aufnehmen. Einige Anemonen, fressen auch kleine Krebse und Fische.

Besonderheiten: Kann sehr schnell wachsen. Innerhalb eines Monats kann der Zuwachs bis zu 50% der Größe betragen.
Ähnlich zu pflegen: **Bäumchen-Weichkoralle**, *Litophyton arboreum*, 5-40 cm. **Keniabäumchen**, *Lemnalia africana* (→ Seite 21), 5-15 cm.

Strauß-Weichkoralle
Xenia umbellata (→ Foto, Seite 19)
Familie: Pumpkorallen (*Xeniidae)*
Größe: 5-8 cm.
Pflege: Benötigt mäßige Strömung, besonders viel Licht und ausreichende Jodkonzentration; braucht viel Platz, weil sie sehr schnell wächst.
Ernährung: Vorwiegend über Zooxanthellen von Licht; organisch gelöste Substanzen, Plankton.
Vergesellschaftung: Möglichst nicht mit *Litophyton arboreum*, Steinkorallen oder Zwergkaiserfischen vergesellschaften.
Besonderheiten: Tentakeln werden aktiv bewegt (wie greifende Hände), um Sauerstoff aus dem vorbeiströmenden Wasser aufzunehmen.
Ähnlich zu pflegen: **Straußenfeder-Weichkoralle**, *Xenia sp.*, 5-8 cm, bräunlich. **Zartgefiederte Strauß-Weichkoralle**, *Anthelia glauca*, 5-8 cm, pumpt nicht.

Scheibenanemone
Discosoma sp. (→ Foto, Seite 19)
Familie: Scheibenanemonen *(Discosomatidae)*
Größe: 2-7 cm.
Pflege: Scheibenanemonen sind robust und passen sich gut an die Aquarienbedingungen an. Es gibt sie in verschiedenen Farb- und Mustervariationen. Meist brauchen tiefblaue und gepunktete Scheibenanemonen weniger Licht als rote und gestreifte Arten. Sie sind gut bei Leuchtstoffröhrenlicht zu halten, kommen mit geringer Strömung aus und überleben auch bei geringer Wasserqualität.
Ernährung: Vorwiegend über Zooxanthellen mit Licht; auch Plankton und Kleinkrebse.
Vergesellschaftung: Wie alle Anemonen setzen

Vorsicht! Anemonen nesseln und sollten beim Einsetzen in das Aquarium nur mit Handschuhen angefaßt werden.

Scheibenanemonen Nesselgifte zur Verdrängung ihrer Nachbarn ein. Lassen Sie deshalb eine Handbreit Abstand zur nächsten Koralle.
Besonderheiten: Leben in Kolonien und können sich schnell durch Teilung vermehren. Mit ihrer zentralen Mundöffnung können Scheibenanemonen Plankton und Kleinkrebse aufnehmen.
Ähnlich zu pflegen: **Gefältetes Elefantenohr,** *Metarhodactis sp.*, 5-30 cm. **Noppenanemone,** *Ricordea sp.*, 5-8 cm.

Große Krustenanemone
Palythoa sp. (→ Foto, Seite 19)
Familie: Krustenanemonen (*Zoanthidae)*
Größe: Einzelpolypen ca. 2-4 cm.
Pflege: Sehr leicht im Aquarium zu halten. Benötigt sehr viel Licht. Falls dies nicht vorhanden ist, können die Zooxanthellen die Anemone nicht ausreichend mit Nährstoffen versorgen, und die Anemone muß zusätzlich mit Kleinkrebsen gefüttert werden.
Ernährung: Über Zooxanthellen mit Licht; auch Plankton und Kleinkrebse.
Vergesellschaftung: Verdrängt benachbarte Korallen durch Nesselgift; deshalb im Aquarium immer eine Handbreit Abstand zur nächsten Koralle halten.
Besonderheiten: Diese Anemonen bilden Kolonien und haben kleine Tentakeln, mit denen sie vorbeischwimmendes Futter festhalten und zur Mundöffnung führen können.
Ähnlich zu pflegen: **Gelbe Krustenanemone,** *Parazoanthus sp.* (→ Seite 18), 1-2 cm. **Krustenanemone,** *Zoanthus sp.*, 2-5 cm.

Grüne Röhrenkoralle
Clavularia viridis (→ Seite 19)
Familie: Orgelkorallen *(Clavulariidae)*
Größe: Polypen werden ca. 1-1,5 cm hoch und können auf festem Untergrund sehr große Flächen bewachsen.

Leder- und Weichkorallen, wie das Keniabäumchen, sind pflegeleicht und meist problemlos im Aquarium zu halten.

Pflege: Röhrenkorallen benötigen einen Standort mit sehr viel Licht und Strömung.
Ernährung: Vorwiegend über Zooxanthellen mit Licht; Plankton.
Vergesellschaftung: Empfindlich gegenüber Fadenalgen, die der Koralle, wenn sie sie überwuchern, das lebensnotwendige Licht entziehen.
Besonderheiten: Bildet Röhren, in die sich der Polyp bei Gefahr zurückziehen kann. Vermehrung durch seitliche Sproßung.
Ähnlich zu pflegen: **Röhrenkoralle**, *Briareum sp.*, Größe wie *Clavularia viridis* .

Mördermuschel mit Seestern: Die Muschel verdankt ihren Namen dem Glauben, daß sie Schwimmer festhalten und töten könne.

Teppichanemone
Stichodactyla haddoni (→ Zeichnung, Seite 28)
Familie: Symbioseanemonen (*Stichodactylidae*)
Größe: Durchmesser von 20 bis 40 cm.
Pflege: Benötigt viel Licht und nur etwas Strömung. Kann im Aquarium »wandern«; in der Regel findet sie ihren Platz selbst am besten. Anemonenfische, die zwischen ihren Tentakeln leben, sind für ihr Gedeihen nicht erforderlich.
Vorsicht: Teppichanemonen können, wenn die Tentakeln mit der Hand berührt werden, Hautirritationen durch Nesselgift hervorrufen.
Ernährung: Über Zooxanthellen mit Licht, Krebse, Muschelfleisch, kleine Fische, Plankton.
Vergesellschaftung: Nesselt sehr stark. In der Nachbarschaft sollten alle anderen Korallen mindestens 10 cm entfernt stehen. Nicht mit Seepferdchen vergesellschaften.
Besonderheiten: Größe der Anemone hängt vom Futterangebot ab. Wenn sie zusammen mit Anemonenfischen gehalten wird, darauf achten, daß die Fische genügend Futter erhalten und der Anemone das Futter nicht »wegfressen«. Der Durchmesser der Anemone sollte mind. dreimal so groß sein, wie der größte Anemonenfisch.
Ähnlich zu pflegen: **Prachtanemone**, *Heteractis magnifica* (→ Seite 18), 15 bis 30 cm.

Krebse, Seesterne und andere Wirbellose

Weinroter Paguristes
Paguristes cadenati
Familie: Einsiedlerkrebse *(Diogenidae)*
Größe: 3 cm.
Pflege: Benötigt Versteckmöglichkeiten und stabile Salzkonzentrationen. Da der Hinterleib nicht wie bei anderen Krebsen mit Kalkplatten geschützt ist, beziehen Einsiedlerkrebse Schneckenhäuser, die in passender Größe im Aquarium vorhanden sein müssen.
Ernährung: Im Aquarium nachwachsende Fadenalgen, Reste von Fischfutter.
Vergesellschaftung: Kann gut mit mehreren Artgenossen und mit Korallen gehalten werden.
Besonderheiten: Häutet sich. Die Hülle zerfällt nach kurzer Zeit im Aquarium.
Ähnlich zu pflegen: Bunter Einsiedler, *Calcinus tuburalis*, 2 cm.

Weißband-Putzergarnele
Lysmata amboinensis (→ Foto, Seite 24)
Familie: Putzergarnelen *(Hippolytidae)*
Größe: 3-6 cm.
Pflege: Benötigt Versteckmöglichkeiten und stabile Salzkonzentrationen.
Ernährung: Reste von Fischfutter, Plankton, Fischparasiten.
Vergesellschaftung: Kann zusammen mit mehreren Garnelen der gleichen oder anderer Arten gehalten werden.
Besonderheiten: Entfernt Parasiten von der Haut, den Kiemen und aus dem Mund von Fischen. Putzergarnelen sind bigeschlechtlich und häuten sich. Die Hülle zerfällt im Aquarium.
Ähnlich zu pflegen: **Kardinals-Putzergarnele**, *Lysmata debelius* (→ Seite 49), 3-5 cm.

Rotweiß-Gebänderte Scherengarnele
Stenopus hispidus (→ Seite 24)
Familie: Scherengarnelen *(Stenopodidae)*
Größe: 3-6 cm.
Pflege: Benötigt Versteckmöglichkeiten und stabile Salzkonzentrationen.
Ernährung: Reste von Fischfutter, Plankton.
Vergesellschaftung: Sind im Gegensatz zu Putzergarnelen nicht bigeschlechtlich und sollten einzeln oder als Paar gehalten werden. Weibchen sind breiter als Männchen und am Rücken grün gefärbt. Am besten schon als Paar kaufen.
Ähnlich zu pflegen: **Kleine Scherengarnele** *Stenopus grazilis*, 2-3 cm.

Indischer Seestern
Formia indica (→ Zeichnung, Seite 28)
Familie: Schlangenseesterne *(Ophidiasteridae)*
Größe: 5-9 cm.
Pflege: Benötigt mit Schwämmen und Algen bewachsene Steine als Nahrungsquelle; deshalb erst nach 3 Monaten in neu eingerichtete Aquarien einsetzen.
Ernährung: Algen, Schwämme, organische Reste.
Vergesellschaftung: Nur zusammen mit Algen und Schwämmen auf Dauer im Aquarium zu halten.
Ähnlich zu pflegen: Perl-Seestern, *Formia monilis*, 6-10 cm. Blauer Seestern, *Linckia laevigata*, 10-20 cm.

Einsiedlerkrebse beziehen ein neues Schneckenhaus, wenn das alte zu klein wird.

IM PORTRÄT: KREBSE ...

Weißband-Putzergarnele

Rotweiß-Gebänderte Scherengarnele

Variabler Seeigel
Lytechnus variegatus (→ Seite 25)
Familie: Giftzahnseeigel *(Toxopneustidae)*
Größe: 6-8 cm.
Pflege: Benötigt algenbewachsene Steine und stabile Salzkonzentrationen. Vorsicht beim Umsetzen in das Aquarium (→ Seite 41). Stiche der Stacheln sind schmerzhaft.
Ernährung: Algen, Reste von Fischfutter, Aas.
Vergesellschaftung: Seeigel reduzieren den Algenaufwuchs; nicht zu viele halten, da sie den Riffaufbau sonst völlig kahl fressen.
Ähnlich zu pflegen: **Diadem-Seeigel**, *Diadema setosum* (→ Seite 25),10-15 cm.

Turbanschnecke

Katzenaugenschnecke
Turbo petholatus
Familie: Turbanschnecken (*Turbinidae)*
Größe: 3-6 cm.
Pflege: Benötigt algenbewachsene Steine.
Ernährung: Algen.
Vergesellschaftung: Problemlos mit allen Arten.

Einsiedlerkrebs

Große Federwürmer

Variabler Seeigel

Diadem-Seeigel

Ähnlich zu pflegen: **Riesen-Kreiselschnecke**, *Tectus niloticus*, 3-7 cm. **Turbo-Algenschnecke**, *Turbo fluctuosus*, 3-5 cm.

Großer Federwurm
Sabellastarte magnifica
Familie: Röhrenwürmer *(Sabellidae)*
Größe: 3-8 cm.
Pflege: Benötigt Sandboden oder Steine mit Löchern. Nur für Aquarien mit ausreichendem Planktonvorkommen geeignet.
Ernährung: Ausschließlich von Plankton (auch totes Ersatzplankton).
Besonderheiten: Diese Würmer bilden lederartige Röhren die im Sand oder an Gestein festwachsen. Bei Gefahr ziehen sie ihren planktonfangenden Fächer in die Röhre zurück. Bei Streß, z.B. durch Erschrecken, wird der Planktonfächer abgeworfen. Er wächst wieder nach.
Ähnlich zu pflegen: **Schraubensabelle**, *Spirographis spallanzanii*, 5-8 cm.

Perl-Seestern

TIP

Wie hält man die richtige Menge Algen?

Beim Halten von Höheren Algen im Meerwasseraquarium können sich folgende Probleme einstellen:

✔ Die Algen wachsen sehr schnell und bedrängen die Korallen.
Abhilfe: Regelmäßiges manuelles Ernten der überschüssigen Algen.

✔ Die Fische fressen die Algen völlig auf.
Abhilfe: Schaffen Sie durch Abgrenzung (z.B. mit Netzen) eine fischfreie Zone im Aquarium, in der die Algen nicht abgefressen werden. Achten Sie aber darauf, daß sich genügend Strömung und Licht im Algenbereich befindet. Sie können auch Pfennigalgen in größeren Mengen einsetzen, da der Verbiß bei diesen Algen nicht so hoch ist, wie bei Kriechsproßalgen.

Gelber Gitterkalkschwamm
Clathrina clathrus
Familie: Wabenschwämme (*Clathrinidae*)
Größe: 8 cm.
Pflege: Dunkler Standort mit viel Strömung.
Ernährung: Ausschließlich lebendes Plankton. Totes Ersatzplankton wird nicht gefressen.
Vergesellschaftung: Nicht zusammen mit Nacktschnecken halten (Freßfeinde).
Ähnlich zu pflegen: **Elefantenohrschwamm**, *Acanthella carteri*, 10-30 cm. **Blauer Fingerschwamm**, *Callyspongia monilata*,10-30 cm.

Große Mördermuschel
Tridacna maxima (→ Foto, Seite 22)
Schutzstatus: WA II, EG Anhang B.
Familie: Mördermuscheln (*Tridacnidae)*
Größe: 5-30 cm.
Pflege: Ernährt sich z.T. wie Korallen mit Hilfe eingelagerter Algen (Zooxanthellen) und benötigt daher viel Licht. Nur an Stellen setzen, an denen wenig Menschen vorbeigehen, da die Muschel empfindlich auf Lichtreflexe reagiert.
Ernährung: Licht (Zooxanthellen); Plankton.
Vergesellschaftung: Nicht mit zu vielen Zwergkaiserfischen und Riffbarschen halten. Sie zupfen an den Muschelrändern.
Besonderheiten: Bildet Schutzstoffe gegen UV-Licht. Bei Lampen mit hohem UV-Anteil, färbt sie sich nach einiger Zeit grün oder blau.

Höhere Algen

Im Aquarium werden sogenannte Höhere Algen gehalten, die mit den Süßwasserpflanzen verwandt sind. Sie sind nicht nur eine Nahrungsquelle, sie binden auch im Wasser gelöste Stickstoffe und Phosphate und verbessern so die Wasserqualität. Von einer Algenart sollten in Aquarien mit Wirbellosen nicht mehr als 20% des Aquarienbodens bewachsen sein, da Monokulturen dem Wasser einseitig Spurenelemente entziehen können. Unerwünscht sind Faden- und Schmieralgen (Blaualgen), die bei schlechter Wasserqualität stark überhandnehmen können (→ Seite 48).

Kriechsproßalge
Caulerpa taxifolia
Familie: Kriechsproßalgen (*Caulerpaceae*)
Größe: Die Alge wächst bei viel Licht innerhalb einer Woche um das Doppelte und kann ein Aquarium vollständig »zuwachsen«.
Pflege: Braucht Licht; regelmäßig ernten.
Vergesellschaftung: Doktorfische können die Alge innerhalb kurzer Zeit völlig auffressen; Alge abschirmen (Netze oder separates Becken).

Ähnlich zu pflegen: Kriechsproßalgen *(Caulerpa racemosa, Caulerpa cupressoides)*. Rotalgen *(Halymenia sp., Chondria littoralis)*

Kriechsproßalge, Caulerpa racemosa (links) und Pfennigalge, Halymenia sp. (rechts).

Pfennigalge
Halimeda opuntia
Familie: Kalkgrünalgen (*Chlorophyta*)
Größe: 10-20 cm Koloniehöhe.
Pflege: Braucht Licht; regelmäßig ernten; wächst langsamer als Kriechsproßalgen.
Vergesellschaftung: Kann, wenn Sie in größeren Mengen vorhanden ist, mit algenfressenden Fischen gehalten werden, da der Verbiß geringer ist als z.B. bei Kriechsproßalgen.
Ähnlich zu pflegen: Meerjungfrauenfächer, *Udotea spinulosa*, 5-15 cm.

Kalkrotalge
Hydrolithon boergeseni (→ Seite 59)
Familie: Kalkrotalgen (*Rhodophyta*)
Größe: Kann Steine und Glasflächen vollständig bewachsen.
Pflege: Gilt als Anzeiger von guter Wasserqualität, weil die Alge bei hoher Wasserbelastung durch das starke Wachstum von Fadenalgen verdrängt wird.
Vergesellschaftung: Vorsichtig, nicht mit zu vielen Seeigeln, die Kalkrotalgen fressen könnten, halten.

PRAXIS BESATZVORSCHLÄGE

Bei der Planung Ihres Aquariums müssen Sie die Aquariengröße, die Technik zur Wasseraufbereitung und den Besatz mit Tieren und Pflanzen aufeinander abstimmen. Die passende Aquarientechnik zu den hier vorgestellten Aquarien finden Sie auf Seite 37, Ernährungstips auf Seite 48. Statt der hier vorgeschlagenen Tier- und Pflanzenarten können Sie auch ähnlich zu pflegende Arten (→ Porträtteil, ab Seite 12) einsetzen.

Aquarium mit Fischen, Algen und Wirbellosen:
Beckengröße: 300 Liter.
Wassertemperatur: 24-27 °C.
Wasserqualität: Nitratkonzentration unter 30mg/l, Phosphat unter 0,25mg/l.
Besatz: (Nach Ansetzen des Meerwassers im Aquarium)

- ✔ 1. Woche: Lebende Steine
- ✔ 2. Woche: Algen (z.B. Kriechsproßalgen)
- ✔ 3. Woche: Lederkorallen (z.B. Pilz-Lederkoralle), Scheiben- und Krustenanemonen
- ✔ 4. Woche: 1 Teppichanemone, 2-3 Schnecken, 1 Seeigel, 5 Blaugrüne Riffbarsche, 1 Rotschwanz-Schleimfisch
- ✔ 5. Woche: 1 Paar Königs-Feenbarsche
- ✔ 6. Woche: Weichkorallen (z.B. Bäumchen-, Strauß-Weichkoralle), Röhrenkorallen, 1 Paar Clownfische, 1 Gelber Seebader
- ✔ 7. Woche: 1 Schwamm, 1 Paar Braunstreifen-Grundeln
- ✔ Ab dem 3. Monat: 1 Mördermuschel, Seesterne (2-3 *Formia* oder 1 *Linckia*), Röhrenwürmer.

1 Gelber Seebader, 2 Pilz-Lederkoralle, 3 Bäumchen-Weichkoralle, 4 Große Krustenanemone, 5 Königs-Feenbarsch, 6 Scheibenanemone, 7 Kriechsproßalge, 8 Clownfische, 9 Teppichanemone, 10 Indischer Seestern, 11 Seeigel, 12 Braunstreifen-Grundel, 13 Straußenfeder-Weichkoralle, 14 Blaugrüne Riffbarsche, 15 Lebender Stein mit Algen, 16 Turbanschnecke.

Allgemeine Regeln
Setzen Sie Tiere und Pflanzen nicht in frisches Meerwasser! Beginnen Sie mit dem Besatz erst 2-4 Wochen nach dem Ansetzen des Wassers oder verwenden Sie »gealtertes« Wasser aus dem Zoofachhandel (→ Seite 39). Beachten Sie beim Einsetzen die in den Beispielen angegebene Reihenfolge.
Faustregel für den Korallenbesatz: Immer eine Hand breit bis zur nächsten Koralle Platz lassen. Auf einem Meter Aquarienlänge sollten nicht mehr als zehn, ca. 10-15 cm große Korallen gehalten werden, weil sich sonst Platzkämpfe zwischen den Korallen einstellen.
Faustregel für den Fischbesatz: Erst friedlichere Fischarten einsetzen. Fische, die Lebendfutter bevorzugen, zuletzt einsetzen (z.B. Mandarinfische). Der Besatz von 1 cm Fisch pro 3 Liter Wasser sollte nicht überschritten werden.

11

Fischaquarium mit Algen
Beckengröße: 300 Liter.
Wassertemperatur: 24-27 °C.
Wasserqualität: Nitratkonzentration unter 50mg/l, Phosphat um 0,25mg/l.
Licht: 4 Leuchtstoffröhren.
Besatz: Nach dem Ansetzen des Wassers folgende Reihenfolge beachten:

Paletten-Doktorfisch

- ✔ 1. Woche: Lebende Steine, Algen (z.B. Kriechsproßalgen)
- ✔ 4. Woche: 1 Paar Rote Zwergkaiserfische, 1 Mirakelbarsch
- ✔ 6. Woche: 2 Seeigel, 5 Blaugrüne Riffbarsche, 1 Paar Langschnauzen-Büschelbarsche
- ✔ 8. Woche: 1 Gelber Lippfisch, 1 Paletten-Doktorfisch

Mirakelbarsch

Seepferdchenaquarium
Beckengröße: 200 Liter.
Wassertemperatur: 24-27 °C.
Wasserqualität: Nitratkonzentration < 30mg/l, Phosphat <0,25mg/l.
Besatz: Nach dem Ansetzen des Wassers folgende Reihenfolge beachten:

- ✔ 1. Woche: Lebende Steine
- ✔ 2. Woche: Algen (z.B. Kriechsproßalgen)
- ✔ 3. Woche: Lederkorallen, Scheibenanemonen
- ✔ 4. Woche: Schnecken, Seeigel, 1 Rotschwanz-Schleimfisch, 1 Paar Seepferdchen
- ✔ 6. Woche: Röhrenwürmer, 2 weitere Paare Seepferdchen, 1 Paar Mandarinfische

Seepferdchen wechseln ihre Färbung.

AQUARIENEINRICHTUNG UND -TECHNIK

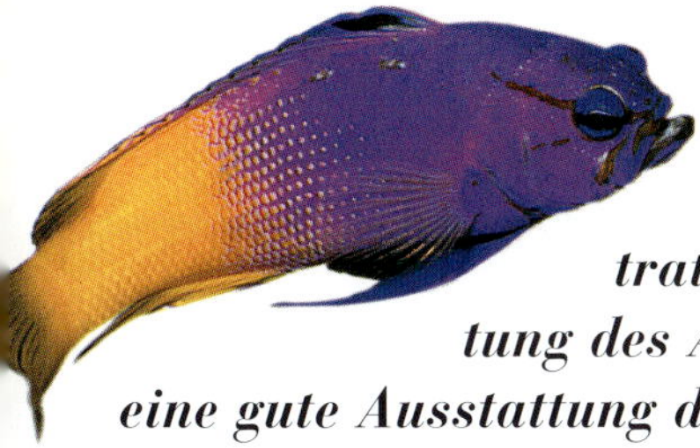

Wichtig für das Wohlbefinden Ihrer Aquarienbewohner sind eine hohe Wasserqualität, eine konstante Temperatur und Salzkonzentration des Wassers sowie die richtige Beleuchtung des Aquariums. Um all dies zu gewährleisten, ist eine gute Ausstattung des Aquariums mit technischen Geräten nötig.

Woraus besteht eine Meerwasseranlage?

Neben dem Aquarium und dem Untergestell, auf dem das Becken steht, gehören zu einer funktionierenden Meerwasseranlage technische Geräte zur Wasseraufbereitung (Pumpen, Filter), die Beheizung und die Beleuchtung des Aquariums. Beim Kauf sollten Sie die Anlage als ein Gesamtsystem betrachten. Der geplante Besatz mit Tieren und Pflanzen muß zur Aquariengröße und zur technischen Ausrüstung des Aquariums passen.
Einsteiger sind mit der Abstimmung von Besatz und Technik oft überfordert. Wenn Sie zum ersten Mal ein Meerwasseraquarium planen, sollten Sie sich deshalb von einem Meerwasserfachhändler beraten lassen. Verwenden Sie bei der technischen Ausstattung des Aquariums von Anfang an komplette Konzepte eines Herstellers, da die Geräte dann optimal auf einander abgestimmt sind, und vermeiden Sie Flickwerk. Die passenden technischen Ausstattungen der Beispielaquarien dieses Ratgebers (→ Besatzvorschläge, Seite 28/29) finden Sie in der Tabelle »Ausstattungsbeispiele« (→ Seite 37).

Wirbellose Tiere, wie Garnelen und Muscheln, stellen hohe Ansprüche an die Wasserqualität.

Das Aquarium

Die Größe des Aquariums ist abhängig vom geplanten lebenden Inhalt. Um die für ein Biotop typische Umgebung gestalten zu können, ist allerdings ein Mindestvolumen erforderlich:

✔ Ein Aquarium mit Korallen sollte mindestens 200 bis 300 Liter Volumen haben.

✔ Bei Fischaquarien ist die Größe und Anzahl der Fische entscheidend. Die unterste Grenze ist ein 100-Liter-Aquarium.

✔ Für ein Riffaquarium mit Fischen, Korallen und anderen Wirbellosen sollte das Aquarium, aufgrund des Platzbedarfs der vielen verschiedenen Tiere 300 bis 600 Liter fassen.

Bei Aquarien, die kleiner als 200 Liter sind, ist die Anschaffung einer effektiven Aquarientechnik verhältnismäßig teuer. Meist wird deshalb mit Minimalausstattung gearbeitet. Anfänger sind damit aber selten gut beraten, denn bei unzureichender Technik sind sehr häufige Wasserwechsel nötig, um die Qualität des Meerwassers aufrechtzuerhalten (→ Seite 46).
Wichtig bei Meerwasseraquarien sind auch die Proportionen des Beckens. Ein gefülltes Aquari-

TIP

Sicherheit und Recht

Wasserschäden und Versicherung: Wasserschäden, die durch Überlaufen oder Leckwerden eines Aquariums entstehen, können hohe Kosten verursachen. Sie sollten sich deshalb vor dem Kauf des Aquariums gegen Wasserschäden versichern. In manchen Versicherungspaketen sind Aquarienwasserschäden bereits integriert (→ Adressen, Seite 62).
Schutz vor Stromunfällen: Elektrische Geräte, die für Aquarien zugelassen sind, unterliegen besonderen Sicherheitsvorschriften. Achten Sie beim Kauf darauf, daß sie ein VDE-oder TÜV-Zeichen tragen. Im Zoo- und Elektrofachhandel erhalten Sie Fehlerstrom-Schutzschalter (FI-Schalter), die zwischen Stromquelle und Gerät installiert werden und bei Defekten an Geräten oder Kabeln die Stromzufuhr sofort unterbrechen. Zusätzlich gibt es FI-Warner, die bereits bei geringen Fehlerströmen akustischen Alarm auslösen und den Defekt eines elektrischen Gerätes ankündigen. Ziehen Sie den Stromstecker, wenn Sie an elektrischen Geräten arbeiten und lassen Sie Reparaturen vom Fachmann ausführen.
Erhebliche Sicherheitsmängel können bei selbstgebastelten Elektroinstallationen bestehen, die Sie deshalb unbedingt unterlassen sollten.
Mietrecht: Auch wenn Haustiere im Mietvertrag ausgeschlossen sind, kann ein Aquarium erlaubt sein. Befragen Sie dazu Ihren Vermieter.

um wirkt schmäler als es tatsächlich ist. Es empfiehlt sich daher ein Mindestmaß von 50 bis 70 cm Höhe und Tiefe.
Glasstärke: Je größer das Wasservolumen eines Aquariums ist, desto dicker sollten die Glaswände sein. Ab einer Höhe von 60 cm sollte die Glasstärke 12 mm, ab 70 cm 15 mm betragen.

Der Standort des Aquariums

✔ Günstig ist ein möglichst dunkler Standort. An hellen Fensterplätzen wirken sich die jahreszeitlichen Temperatur- und Lichtschwankungen ungünstig auf die Wassertemperatur (zu hohe Temperaturen im Sommer) aus und fördern zudem unerwünschtes Algenwachstum.
✔ Es muß ein Stromanschluß vorhanden sein. In der Regel reichen ein oder zwei Wandsteckdosen nicht aus, und es werden zusätzliche Mehrfachsteckdosen benötigt.
✔ Der Boden muß das Gesamtgewicht des Aquariums tragen. Ein 300 Liter fassendes Becken kann mit Wasser, Glas, Unterschrank, Aquarientechnik, Steinen und Sand rund 500 kg wiegen. Informieren Sie sich bei Ihrem Architekten oder Vermieter vor dem Aufstellen des Aquariums über die Tragkraft des Bodens.
✔ Der Standort muß eben sein. Bei Unebenheiten können silikonverklebte Aquarien reißen und erhebliche Wasserschäden verursachen. Vor allem bei Böden, die ungleichmäßige Hohlräume (mit Dämmstoffen) unter den Trittflächen aufweisen, ist Vorsicht geboten. Mit einer geraden Latte und einer Wasserwaage können Sie den Boden prüfen. Wenn Sie dabei weniger als 1 mm Wölbung auf einen Meter des Bodens feststellen, ist der Standort geeignet. Kleine Unebenheiten lassen sich mit Unterlegplatten aus Kunststoff ausgleichen. Bei Unebenheiten von mehr als 5 mm pro Meter empfiehlt sich eine mit Zement (Estrich) ausgegossene, dem Aquariengewicht angemessene Bodenplatte.

Das Untergestell

Ein ideales Untergestell sollte aber speziell für Aquarien konstruiert sein und alle notwendigen Geräte aufnehmen können. Geeignete Untergestelle sind im Zoofachhandel erhältlich oder können von erfahrenen Schreinern oder Schlossern angefertigt werden. Häufig werden Aquarien-Untergestelle mit Spanplatten verwendet, die zwar Preisvorteile bieten, aber nicht wasserbeständig sind.

✔ Die Platte des Untergestells sollte ca. 2 bis 5 mm größer sein als der Aquarienboden, damit die Aquarienscheiben einen gewissen Schlagschutz durch das Untergestell erhalten.

✔ Zwischen Untergestell und Aquarienboden sollte eine Schaumstoffplatte von ca. 3 bis 10 mm gelegt werden, die geringe Unebenheiten des Untergestells oder des Bodens ausgleicht.

Die Beheizung

Tropische Meerwasseraquarien werden bei Temperaturen von 24 bis 27 °C betrieben. Die Konstanthaltung dieser Temperaturen ist von höchster Wichtigkeit, da Aquarienbewohner wechselwarme Tiere sind, deren Körpertemperatur von der Umgebungstemperatur bestimmt wird. Die tropischen Koralleriffe weisen das ganze Jahr über nur sehr geringe Temperaturschwankungen auf (z.B. Malediven: 1 °C pro Jahr).
Zur Regelung der Temperatur im Aquarium werden vor allem Stabheizer mit eingebautem Thermostat eingesetzt, die die Temperatur auf ca. 1 °C genau regeln. Zur Kontrolle kann die Temperatur mit einem Aquarienthermometer gemessen werden. Genauer sind mit digitalen Meß- und Regelgeräten gesteuerte Stabheizer.

Steigen die Wassertemperaturen im Sommer aufgrund hoher Umgebungstemperaturen auf über 31 °C an, muß das Aquarium gekühlt werden. Entfernen Sie die Deckscheiben des Aquariums, das bewirkt eine Temperaturerniedrigung von ca. 0,5 °C. Wenn Sie das Wasser mit einem Ventilator an der Oberfläche anblasen, verringert sich die Temperatur um zusätzliche 1 bis 2 °C.
Zu hohe Wassertemperaturen können auch auftreten, wenn sich Geräte, wie z.B. Pumpen, zu stark erwärmen. Wählen Sie deshalb am besten Geräte mit sehr geringem Stromverbrauch bei hoher Leistung.
Spezielle Kühlgeräte sind nur für Mittelmeeraquarien oder Hummerbecken nötig, die bei niedrigeren Temperaturen betrieben werden.

Die Beleuchtung

Die richtige Beleuchtung ist nicht nur für die optische Erscheinung des Aquariums von Bedeutung, sondern vor allem für das Wachstum der Korallen. Nur bei guten Lichtverhältnissen können die im Gewebe der Korallen eingelagerten Algen die Koralle durch Photosynthese mit genügend Sauerstoff und Nährstoffen versorgen. In einem Aquarium mit Korallen sollten deshalb Lampen mit hoher Beleuchtungsstärke (50 bis 100.000 Lux) eingesetzt werden.

Sechsstreifen-Lippfische suchen bei der Nahrungssuche lebende Steine nach kleinen Krebschen und Muscheln ab.

Die farbenprächtigen Riffbarsche sind nicht scheu und im Aquarium immer gut zu sehen.

Wichtig ist auch die Wellenlänge des Lichts. Natürliches Licht umfaßt ein breites Spektrum von Wellenlängen (von UV, Blau, Grün, Gelb, Rot bis Infrarot), die das Meerwasser in unterschiedlicher Weise durchdringen. Ein großer Teil des roten Lichtanteiles wird im Wasser heraus gefiltert, während blaues Licht tief ins Wasser eindringt. Um das Licht wie in einer Tiefe von ca. 5 bis 15 m Wassertiefe wirken zu lassen, werden deshalb Lampen mit höherem Blauanteil verwendet.
In Meerwasseraquarien werden fast ausschließlich HQI-Lampen (Halogen-Metalldampflampen) und Leuchtstoffröhren eingesetzt.
HQI-Lampen erzeugen sehr intensives, für Korallen und Fische geeignetes Licht. Sie sind sogenannte Punktstrahler, die im Aquarium – ähnlich wie Sonnenlicht im Meer– ein Licht- und Schattenspiel erzeugen. In Verbindung mit der Lichtbrechung an der Wasseroberfläche erscheint HQI-Licht sehr natürlich. HQI-Leuchten kosten in der Regel mehr als Leuchtstofflampen. Sie werden fast ausschließlich als Hängelampen über dem Aquarium angebracht.
Leuchtstoffröhren geben in der Regel weniger intensives Licht als HQI-Lampen. Sie werden dennoch sehr häufig verwendet, da es eine große Zahl von verschiedenen Lichttypen gibt,

mit denen nahezu jede denkbare Lichtmischung erreicht werden kann. Meist werden Tageslichtröhren mit Baulichtstrahlern (Hoher Blau-Anteil im Licht) kombiniert.
Leuchtstoffröhren sollten grundsätzlich mit Reflektoren betrieben werden, die die Lichtstärke wesentlich erhöhen. Wenn Leuchtstoffröhrenfassungen am Aquarienrand befestigt werden, müssen sie schwallwasserdicht sein. Sie sollten aus korrosionsbeständigem, eloxiertem Aluminium oder aus Kunststoff gefertigt sein und der VDE-Norm entsprechen. Für Leuchtstoffröhren gibt es elektronische Vorschaltgeräte, die die Lebensdauer der Röhren wesentlich verlängern und rund 20% Strom sparen.
Beleuchtungsdauer: Bei HQI-Leuchten sollte die Beleuchtungsdauer etwa 9 Stunden am Tag betragen. Werden Leuchtstoffröhren eingesetzt, sollte das Aquarium 11 bis 12 Stunden am Tag beleuchtet werden. Bei einem neu eingerichteten Aquarium sollten Sie diese Beleuchtungszeiten in den ersten Monaten um 1 bis 2 Stunden reduzieren, damit das Wachstum unerwünschter Faden- und Schmieralgen nicht gefördert wird.

Strömung

Über spezielle Pumpen kann im Aquarium Strömung erzeugt werden. Durch die Strömung werden Wärme und Plankton im Becken verteilt, Schmutz und im Wasser gelöste, schädliche Substanzen zum Filter transportiert.
Darauf sollten Sie achten:

✔ Die Strömung muß im Becken zirkulieren können und darf nicht, z.B. durch Steinaufbauten, unterbrochen werden (→ Zeichnungen, Seite 41).

✔ Strömungspumpen sollten den Beckeninhalt fünf- bis zehnmal pro Stunde umwälzen und einen möglichst großen Auslaßdurchmesser haben, denn die Strömung darf nicht wie ein harter Strahl wirken. Die Strömungslinien sollen parallel und breitflächig verlaufen.

✔ Während der Dunkelphase des Aquariums, sollten Sie die Strömungsstärke reduzieren, da auch an den Korallenriffen die Strömung nachts häufig abnimmt.

✔ Schalten Sie Strömungs- und Filterpumpen während der Fütterung ab, da das Futter sonst abgesaugt wird. Es gibt auch spezielle Geräte mit einer Futterpausenautomtik.

Moderne Strömungspumpen sind in der Lage, den natürlichen Wellenschlag nachzuahmen und dadurch Turbulenzen im Wasser entstehen zu lassen, die Schmutzablagerungen in Boden- und Randbereichen des Aquariums verhindern. Mit zwei Strömungspumpen und einem Steuergerät können Sie die wechselnden Richtungen der natürlichen Ebbe- und Flutströmung simulieren.

Geräte zur Wasseraufbereitung

In den Meeren sind riesige Wassermassen vorhanden, die für eine natürliche Reinhaltung sorgen. Im Aquarium muß sauberes Wasser mit technischen Mitteln oder durch Wasserwechsel wiedergewonnen werden, da sich die Ausscheidungen der Tiere und Futterreste nicht von selbst abbauen und das Wasser mit Schadstoffen belasten.

Zwergbarsche wie das König-Salomon-Fischchen sind eng mit den Feenbarschen verwandt.

Durch eine gute Ausstattung des Aquariums mit Geräten zur Wasseraufbereitung kann man eine hohe Wasserqualität erzielen, ohne ständig Wasser wechseln zu müssen. Erforderlich sind Geräte zur Filterung, Eiweißabschäumung und Osmoregulation des Wassers, die im folgenden vorgestellt werden.

Filterung

In der Meerwasseraquaristik werden verschiedene Filter zur Reinigung des Wassers eingesetzt. In mechanischen Filtern fließt das Aquarienwasser durch Watte, Schaumstoff, Sand und andere Filterstoffe. Dabei werden organische »Abfallstoffe«, wie z. B. Kot, Futter- und Pflanzenreste, entfernt, bevor sie mineralisieren, d. h. im Wasser aufgelöst werden. Die Mineralisierung erfolgt unter hohem Sauerstoffverbrauch durch Bakterien. Es entstehen giftige Stoffe, wie z.B. Ammoniak, die nur in sehr geringen Mengen im Aquariumwasser verträglich sind. Damit die Abfallstoffe nicht im Filter mineralisieren, muß der Filter regelmäßig gereinigt werden. Das Filtrat (z.B. Watte) muß ein- oder zweimal wöchentlich ausgewechselt werden. Im Meerwasseraquarium ist es besonders wichtig, daß auch Oberflächenwasser zum Filter transportiert wird, da sich sonst eine Kahmhaut, unschöne organische Verbindungen die sich an der Wasseroberfläche sammeln, bildet. Filteranlagen sollten deshalb mit einer Oberflächenabsaugung ausgestattet sein.

Rieselfilter (auch Bioreaktor, Biofilter) reinigen das Wasser mit Hilfe von Bakterien und Pilzen, die sich im Substrat des Filters ansiedeln. Diese Mikroorganismen wandeln die bei der Mineralisierung von organischen Substanzen entstehenden giftigen Stickstoffe in weniger giftige Substanzen um. Der Abbau erfolgt in zwei Schritten: Bei der Nitrifikation werden Ammonium (NH_3) oder Ammoniak (NH_4^+) zu Nitrit (NO_2^-) und Nitrat (NO_3^-) umgewandelt. Man spricht von einem aeroben Vorgang, da die Bakterien bei der Umwandlung Sauerstoff verbrauchen. Nitrit und Nitrat sind stark giftig und müssen wieder entfernt werden. Durch sogenannte anaerobe Bakterien werden sie in gasförmigen Stickstoff und Sauerstoff umgewandelt. Rieselfilter bringen erst nach einigen Wochen Betriebszeit ihre volle Leistung, da sich die Bakterienkulturen erst dann gut entwickelt haben.

Absorption über Aktivkohle: Im Filterkreislauf muß zudem Aktivkohle eingesetzt werden (die meisten Filter haben dafür spezielle Kammern für Aktivkohle), die schwer abbaubare organische Verbindungen bindet und den sogenannten »Gelbstich« des Aquarienwassers entfernt. Dieser entsteht aus stickstoffhaltigen tierischen Ausscheidungen und Verbindungen, die sich bei der Zersetzung pflanzlicher Zellen bilden.

Die Aufnahmekapazität von Aktivkohle ist am Anfang sehr hoch, nimmt aber mit Dauer der Reinigungszeit ab. Empfehlenswert sind Wechselintervalle von 10 bis 14 Tagen.

Anemonenfische sind unempfindlich gegen das Nesselgift ihrer Wirtsanemone.

Technische Ausstattung der Beispielaquarien (→ Seite 28/29)

	Aquarium mit Fischen Algen, Wirbellosen	Aquarium mit Fischen und Algen	Seepferdchen-Aquarium
Aquarien-maße	Größe: 100 x 60 x 60 cm (Länge x Breite x Höhe) Bruttovolumen: 360 Liter Füllvolumen: ca. 300 Liter	Größe: 100 x 60 x 60 cm Bruttovolumen: 360 Liter Füllvolumen: ca. 300 Liter	Größe: 100 x 50 x 50 cm Bruttovolumen: 250 Liter Füllvolumen: ca. 200 Liter
Standard Aquarien-technik (im Aquarium montiert)	Strömungspumpe (3000 l/h), mechanischer Filter, Rieselfilter, Eiweißabschäumer, Osmoregulation, Umkehrosmoseanlage, Aktivkohlefiltereinsatz, Stabheizer mit Thermostat, 1 HQI-Hängeleuchte (150 oder 250 Watt).	Strömungspumpe (3000 l/h), mechanischer Filter, Rieselfilter, Eiweißabschäumer, Osmoregulation, Umkehrosmoseanlage, Aktivkohlefiltereinsatz, Stabheizer mit Thermostat, 3-4 Leuchtstoffröhren.	Strömungspumpe (1500 l/h) mit breitem Auslaßdurchmesser (ca. 2 cm), mechanischer Filter, Rieselfilter, Eiweißabschäumer, Osmoregulation, Umkehrosmoseanlage, Aktivkohlefiltereinsatz, Stabheizer mit Thermostat, 1 HQI-Hängeleuchte (150 Watt) oder 4 Leuchtstoffröhren.
Zusätzliche Ausstattung	Wellenschlagsimulation, Kalkreaktor, elektronisches Temperaturmeß- und Regelgerät.	Wellenschlagsimulation, elektronisches Temperaturmeß- und Regelgerät.	Wellenschlagsimulation, Kalkreaktor, elektronisches Temperaturmeß- und Regelgerät.
Unter-schrank-technik	Ablauf- und Zulaufrohre, Rückförderpumpe, Strömungspumpe im Aquarium, Glasbehälter mit Abdeckung.	Ablauf- und Zulaufrohre, Rückförderpumpe, Strömungspumpe im Aquarium, Glasbehälter mit Abdeckung.	Ablauf- und Zulaufrohre, Rückförderpumpe, Strömungspumpe im Aquarium, Glasbehälter mit Abdeckung.
Standard Zubehör	Aräometer oder Leitfähigkeitsmeßgerät, Thermometer, pH-Meßgerät, Watte- und Aktivkohlevorrat, Schnelltests zur Kontrolle der Wasserwerte.	Aräometer oder Leitfähigkeitsmeßgerät, Thermometer, pH-Meßgerät, Watte- und Aktivkohlevorrat. Schnelltests zur Kontrolle der Wasserwerte.	Aräometer oder Leitfähigkeitsmeßgerät, Thermometer, pH-Meßgerät, Watte- und Aktivkohlevorrat. Schnelltests zur Kontrolle der Wasserwerte.

Eiweißabschäumung

Die Eiweißabschäumung, die gelöste organische Stoffe, vor allem Eiweiße aus Tierausscheidungen und Futterresten, aus dem Wasser entfernt, ist zur Reinhaltung des Aquarienwassers unbedingt erforderlich. Im Gerät werden die organischen Substanzen mit Hilfe von Luftbläschen aufgeschäumt. Der Schaum wird an der Wasseroberfläche in einem Behälter gesammelt, der wöchentlich geleert und gereinigt werden muß. Es gibt Abschäumer, in denen die Luftbläschen von einem Luftausströmer oder von Hochdruckpumpen mit Lufteinzugsdüsen erzeugt werden. Geräte mit Luftausströmer benötigen regelmäßig neue Ausströmer, damit sie volle Leistung behalten. Geräte mit Hochdruckpumpen oder Düsen müssen seltener gewartet werden. Bei Hochdruckpumpen sollten Sie darauf achten, daß das Gerät planktonschonend arbeitet und nicht das im Aquarium entstehende Plankton ansaugt und zerstört.

Osmoregulation

Meerwasserbewohner sind empfindlich gegen schwankende Salzkonzentrationen. Im Aquarium steigt der Salzgehalt des Wassers durch Verdunstung mit der Zeit an. In der Natur wird dieser Verdunstungsverlust durch Regenfälle und Süßwasserflüsse ausgeglichen und der Salzhaushalt der Meere stabil gehalten. In der Aquaristik kann der Verlust mit Hilfe einer automatischen Wasserstandsregelung (Osmoregulation) ausgeglichen werden. Über eine Pumpe fließt Wasser aus einem Vorratsbehälter in das Aquarium nach.

Hinweis: Verwenden Sie zum Wasserausgleich kein Leitungswasser, das neben Kalk leider oft Salze (z.B. metallische Salze, Nitrat) enthält. Diese reichern sich im Aquarienwasser an und führen zu unerwünschtem Algenwachstum. Sie sollten deshalb eine Umkehrosmoseanlage (Zoofachhandel) einsetzen, die Salze und schädliche Stoffe aus dem Leitungswasser filtert.

Kalkreaktor (Calciumreaktor)

Korallen und Algen verbrauchen durch ihr Wachstum im Wasser gelöstes Kalzium. Diese Verluste können durch einen Kalkreaktor ausgeglichen werden, der mit hochreinem Kalk (Kalziumkarbonat) befüllt ist. Kalkreaktoren werden meist nur in Steinkorallenaquarien eingesetzt. Es hat sich aber gezeigt, daß auch das Wachstum aller anderen Korallen durch den Einsatz dieses Geräts gefördert wird.

Unterbringung der Aquarientechnik

Die Geräte können direkt im Aquarienbecken installiert werden oder im Unterschrank untergebracht werden. Unterschrankanlagen haben den Vorteil, daß die Geräte nicht zu sehen sind. Sie sind allerdings teurer und die Installation der Geräte ist aufwendiger, da man zusätzliche Verrohrungen und Pumpen braucht, um das Wasser zu den Geräten und wieder zurück ins Aquarium zu leiten.

Schwarzkappen-Feenbarsch (Gramma melacara)

Das Einfahren des Aquariums

Ist das Aquarium mit der passenden Aquarientechnik ausgestattet, können Sie mit dem Einfahren des Aquariums beginnen und Meerwasser in das Becken füllen. Dabei gibt es zwei Möglichkeiten. Sie können das Wasser selbst mischen oder »biologisch gealtertes« Wasser verwenden, das im Meerwasserfachhandel erhältlich ist und beim Starten des Aquariums Zeit spart (→ TIP).

Einfahren mit angemischtem Meerwasser

✔ Meersalz für die Aquaristik ist im Zoofachhandel erhältlich. Geben Sie das Salz in passender Menge (Herstellerangaben beachten) ins Aquarium und füllen Sie das Becken mit Wasser aus einer Umkehrosmoseanlage (→ Seite 38).

✔ Nehmen Sie Filter, Strömungspumpen und Osmoregulation in Betrieb. Eiweißabschäumer und Licht werden noch nicht eingeschaltet.

✔ Nach ca. 1 bis 2 Tagen Salzkonzentration messen und wenn nötig korrigieren (→ Seite 44).

✔ Lassen Sie das Wasser mindestens zwei bis vier Wochen stehen. Meersalze bilden z.B. mit organischen Verbindungen sogenannte Kolloide, die Tiere und Pflanzen vor Krankheiten schützen. Kolloide sind im Aquarium erst nach einigen Wochen in ausreichenden Mengen vorhanden. Wenn Sie vorzeitig lebende Organismen einsetzen, ist deren Absterben wahrscheinlich.

✔ In das angesetzte Wasser sollten Sie zuerst mit Algen und Mikroorganismen bewachsene Steine einbringen, die auch als »lebende Steine« bezeichnet werden und im Fachhandel erhältlich sind. In einem 300-Liter-Aquarium sollten Sie zum Aufbau des Riffs ca. 30-50 kg dieser Steine verwenden. Im unbelichteten Unterbau können auch 5-10 kg unbewachsene Tuffsteine verwendet werden (→ Steinaufbau, Seite 40). Die lebenden Steine geben dem Aquarium in der Startphase eine höhere ökologische Stabilität. Wenn Sie nur unbewachsene Steine einsetzen, bilden sich in den ersten Monaten Algenmonokulturen, die das Wachstum der Korallen hemmen und das Aquarium häßlich aussehen lassen. Anstelle der lebenden Steine sollten Sie zumindest einige Büschel Kriechsproßalgen (*Caulerpa racemosa*) oder Pfennigalgen (*Halimeda opuntia*) einsetzen.

✔ Anschließend kann Korallensand als Bodengrund eingebracht werden (→ Seite 40).

✔ Schalten Sie alle Geräte zur Wasseraufbereitung ein. Die Beleuchtung bis zum Einsetzen der ersten Wirbellosen nur für 6 Stunden am Tag einschalten.

✔ Prüfen Sie alle Wasserwerte (→ Seite 43). Erst wenn die Werte unter den empfohlenen Grenzwerten liegen, können Sie Fische und Wirbellose einsetzen. Beachten Sie dabei die Reihenfolge (→ Besatzvorschläge, Seite 28/29).

TIP

Biologisch gealtertes Wasser

Dieses Wasser stammt aus einem mindestens mehrere Monate alten, intakten Riffaquarium. Die enthaltenen lebenden Mikroorganismen geben dem Aquarium in der Startphase eine höhere ökologische Stabilität, und Sie sparen Zeit beim Einfahren des Beckens. Bei gealtertem Wasser können Sie sofort nach dem Einlassen des Wassers lebende Steine einsetzen. Doch Vorsicht! Prüfen Sie die Wasserqualität, damit keine schädlichen Stoffe und Krankheitserreger eingeschleppt werden.

Richtige Strömungsführung

Das Grundprinzip einer guten Strömungsführung im Aquarium ist die Ringströmung. Wenn sie nicht unterbrochen wird, z.B. durch Steinaufbauten, können so auch noch schwerere Schmutzpartikel zum Filter transportiert werden (→ Zeichnung). Die Aquarientechnik kann mit dem Steinaufbau zwar versteckt werden. Wichtig ist aber, daß die Pumpenauslässe und der Ansaugbereich der Strömungs- und Filterpumpen frei bleiben. Achten Sie auch darauf, daß sich keine Höheren Algen vor den Ansaugbereich legen können.

Strömungspumpen müssen so installiert werden, daß im Aquarium eine Ringströmung entsteht.

Einsetzen der Bewohner

Lebende Steine: Beim Transport müssen lebende Steine mit Meerwasser befeuchtet sein. Sind die Steine getrocknet, ist ihr Bewuchs tot. Die lebenden Steine können problemlos in das Aquarium gelegt werden.

Höhere Algen: Für Algen, die am Boden wachsen sollen, bohren Sie einfach mit dem Finger ein Loch in den Sand und setzen die Algen ein. Sollen sie auf Steinen anwachsen, wird das Algenbüschel vorsichtig zwischen zwei Steine geklemmt oder das Büschel mit kleinen Steinen beschwert.

Steinaufbau und Bodengrund

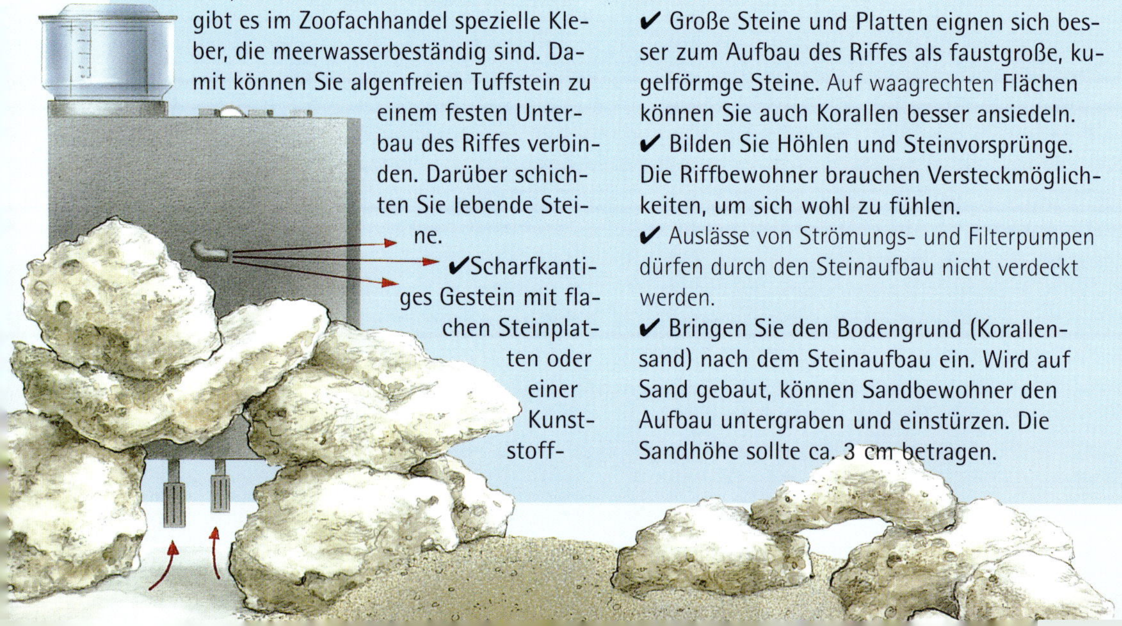

✔ Die Steine sollten auf dem Glasboden stehen, ohne zu wackeln. Zum Absichern gibt es im Zoofachhandel spezielle Kleber, die meerwasserbeständig sind. Damit können Sie algenfreien Tuffstein zu einem festen Unterbau des Riffes verbinden. Darüber schichten Sie lebende Steine.

✔ Scharfkantiges Gestein mit flachen Steinplatten oder einer Kunststoffplatte aus Hart-PVC oder Acrylglas unterlegen, um den Glasboden des Aquariums zu schützen.

✔ Große Steine und Platten eignen sich besser zum Aufbau des Riffes als faustgroße, kugelförmge Steine. Auf waagrechten Flächen können Sie auch Korallen besser ansiedeln.

✔ Bilden Sie Höhlen und Steinvorsprünge. Die Riffbewohner brauchen Versteckmöglichkeiten, um sich wohl zu fühlen.

✔ Auslässe von Strömungs- und Filterpumpen dürfen durch den Steinaufbau nicht verdeckt werden.

✔ Bringen Sie den Bodengrund (Korallensand) nach dem Steinaufbau ein. Wird auf Sand gebaut, können Sandbewohner den Aufbau untergraben und einstürzen. Die Sandhöhe sollte ca. 3 cm betragen.

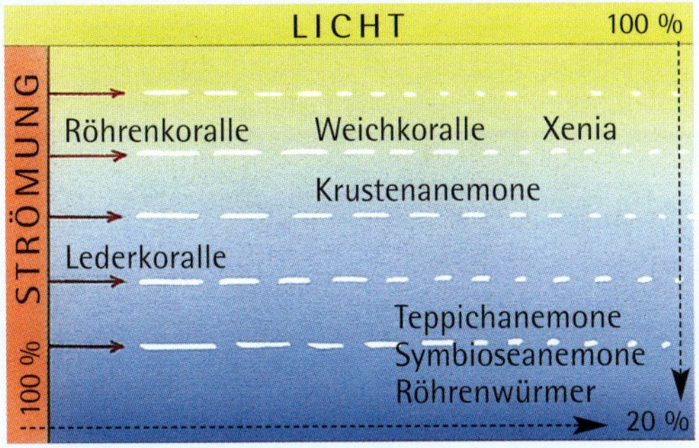

Korallen und Röhrenwürmer stellen sehr spezielle Ansprüche an Licht- und Strömungsverhältnisse.

Korallen: Die meisten Arten sind auf einem Stein festgewachsen. Beim Transport ist darauf zu achten, daß die Korallenpolypen im Beutel nicht gequetscht werden. Da Korallen empfindlich gegen schwankende Temperaturen und Salzkonzentrationen sind, müssen sie an die Temperatur und den Salzgehalt Ihres Aquariums gewöhnt werden. Das Wasser im Transportbeutel wird daher langsam an die Bedingungen im Aquarium angepaßt.

✔ Die Koralle im Beutel in einen sauberen, von Putzmittelresten absolut freien Eimer stellen.

✔ Mit einem Becher langsam Wasser aus dem Aquarium in den Beutel zugeben und dabei Temperatur und Salzkonzentration des Wassers im Beutel messen (→ Seite 44).

✔ Wenn Temperatur und Salzkonzentration dem Wert im Aquarium angeglichen sind (Die Abweichung des Salzgehalts darf nicht mehr als 3mS/cm Leitfähigkeit betragen), kann die Koralle eingesetzt werden. Sie darf dabei kurzzeitig (einige Sekunden) an die Luft gesetzt werden.

✔ Das Wasser kann mit dem Tier in das Aquarium zurückgegeben werden.

✔Anemonen nur mit Schutzhandschuhen berühren, da sie nesseln können. Sie setzen sich mit ihrem Fuß nach kurzer Zeit auf festem Bodengrund, Steinen oder auch Glas fest. Eine Hilfe kann eine kleine Vertiefung aus Steinen sein. Sie müssen in den ersten Tagen beobachtet werden, da sie möglicherweise einen anderen Platz suchen. Achten Sie darauf, daß Anemonen nicht in den Ansaugbereich von Filter-oder Strömungsanlagen gelangen und keine anderen Korallen vernesseln oder beschatten.

Ein Steinwall erleichtert das Festsetzen.

Fische: Fische werden wie Korallen eingesetzt. Achten Sie aber auf folgendes:

✔ Der Eimer muß zugedeckt werden, damit der Fisch nicht herausspringen kann.

✔ Wenn Temperatur und Salzkonzentration angeglichen sind, den Fisch mit einem Netz aus dem Beutel fangen und in das Aquarium setzen.

✔ Läßt das Verhalten (mangelnde Vitalität) des Fisches darauf schließen, daß er sich noch nicht an die neuen Wasserbedingungen angepaßt hat, sollten Sie ihn noch nicht ins Aquarium einsetzen.

✔ Schütten Sie das entnommene Aquarienwasser nicht zurück ins Becken, da es durch Kot verschmutzt sein könnte.

Seeigel, Seesterne, Krebse und andere Wirbellose werden wie Fische eingesetzt. Schwämme müssen beim Umsetzen immer unter Wasser bleiben.

Vor dem Einsetzen müssen sich Fische und Wirbellose an das Aquarienwasser gewöhnen.

DAS MEERWASSER-AQUARIUM IM ALLTAG

Wichtig für das Gedeihen und Wohlbefinden Ihrer Aquarienbewohner ist die regelmäßige Pflege des Meerwasseraquariums. Die Durchführung von Wasseranalysen, die Wartung und Reinigung der Aquarientechnik und die Fütterung von Fischen und Wirbellosen bestimmen den Alltag der Aquarienpflege.

Kontrolle der Wasserqualität

Die Wasserqualität im Meerwasseraquarium ist von entscheidender Bedeutung für die Gesundheit von Tieren und Pflanzen. Die Belastung des Wassers mit Schadstoffen führt unweigerlich zu Krankheiten (→ Seite 50). Schnell und sicher können Sie die meisten Wasserwerte mit chemischen Schnelltests überprüfen, die im Zoofachhandel erhältlich sind. Diese Tests bestehen aus chemischen Flüssigkeiten und Pulvern, die in einem Meßbecher mit einer Probe des Aquarienwassers versetzt werden und durch Farbveränderungen die Konzentration der gelösten Stoffe angeben. Wöchentlich kontrollieren sollten Sie den Gehalt folgender Substanzen:

Stickstoffverbindungen sind schnell wirkende Fischgifte, die entstehen, wenn übriggebliebenes Futter, abgestorbene Lebewesen und tierische Ausscheidungen im Wasser gelöst werden. Erhöhte Konzentrationen treten besonders in der Startphase des Aquariums oder bei erhöhtem Fischbesatz auf. Ursachen können zu seltenes Reinigen des mechanischen Filters oder zu geringe Leistung von Eiweißabschäumung oder Rieselfilter sein (→ Seiten 36, 38).

Folgende Stickstoffverbindungen sollten Sie regelmäßig kontrollieren:

✔ Ammonium (NH_3^+) und Ammoniak (NH_4^+) treten gemeinsam auf. Ideale Meßwerte liegen unter 0,05 mg/l. Eine überhöhte Konzentration (0,1-0,2 mg/l) muß vermieden werden. Da diese Grenzwerte unter der Nachweisgrenze vieler im Handel angebotener Tests liegen, können die Fische bereits krank sein, wenn Ammonium und Ammoniak im Wasser nachweisbar sind.

✔ Nitrit (NO_2^-) entsteht beim Abbau von Ammonium und Ammoniak durch Bakterien. Grenzwerte von 0,02 bis 0,05 mg/l sind noch verträglich. Ab 0,1 mg/l können empfindliche Wirbellose und Fische erkranken.

✔ Nitrat (NO_3^-) ist eine giftige Stickstoffverbindung, die durch weiteren Abbau von Nitrit entsteht. Grenzwerte sind umstritten. Als gute Werte werden meist Konzentrationen von unter 20 mg/l angestrebt. Noch erträgliche Werte sind 50 bis 80 mg/l. Meßwerte über 120 mg/l sollten unbedingt vermieden werden.

Phosphat (PO_4^{3+}) wird neben Stickstoffen bei der Zerlegung von organischen Abfallstoffen im Wasser gelöst. Die Folge einer zu hohen Phos-

Farbenpracht im Aquarium: Ein leuchtender Riffbarsch (oben) und ein LSD-Mandarinfisch.

phatkonzentration ist übermäßiges Wachstum lästiger Fadenalgen, die die Korallen in kürzester Zeit überwuchern. Quellen zu hoher Phosphatwerte sind die Überfütterung der Fische oder die Haltung von zu vielen Fischen bei nicht ausreichender Reinigungsleistung der Wasseraufbereitungsanlage.
Die Werte sollten unter einer Konzentration von 0,2 mg/l liegen (Nachweisgrenze der meisten Schnelltests). Bei Meßwerten von 0,2 bis 0,7 mg/l gelten Aquarien mit Wirbellosen als mittel bis stark belastet. Bei Fischaquarien können die Verträglichkeitsgrenzen höher liegen.
Die Karbonathärte (KH) ist ein Maß für die Menge der im Wasser gelösten Karbonate von Kalzium und Magnesium. Diese wirken im Meerwasser als Puffersystem, d.h sie neutralisieren Säuren und gleichen dadurch den pH-Wert (→ Seite 45) des Wassers aus. Im Meer liegt die Karbonathärte zwischen 6 und 9° KH. Im Aquarium sollte mindestens ein Wert von 7° KH erreicht werden. Unnatürlich hohe Werte von über 10° KH sind nicht erforderlich. Zur Erhöhung der Karbonathärte muß dem Wasser Kalziumhydrogenkarbonat über einen Kalkreaktor (→ Seite 38) oder durch Kalkwasser (Zoofachhandel) zugeführt werden.

Kalzium (Ca_2^+) ist ein lebenswichtiges Element für viele wirbellose Tiere und muß dem Wasser regelmäßig zugesetzt werden (Kalkreaktor oder Kalkwasser). Im natürlichen Meerwasser sind ca. 410 mg Kalzium pro Liter gelöst. Wird dieser Wert im Aquarium unterschritten, ist das Wachstum von Korallen eingeschränkt.
Kupfer (Cu_2^+) kommt im Meer nur in Spuren vor. Im Aquarienwasser darf Kupfer nicht nachweisbar sein. Kupferhaltige Medikamente zur Behandlung von Fischkrankheiten, dürfen keinesfalls in ein Aquarium mit Höheren Algen oder Korallen gegeben werden (→ Seite 50). Kupfer kann auch im Leitungswasser enthalten sein. Umkehrosmoseanlage zur Reinigung einsetzen (→ Seite 38).

Messung des Salzgehalts

Der Salzgehalt des Aquarienwassers sollte konstant sein. Er kann aber durch Verdunstung oder Temperaturänderungen schwanken. Ermittelt wird der Salzgehalt durch Messung der Leitfähigkeit oder der Dichte des Salzwassers:
✔ Die elektrische Leitfähigkeit kann mit einer Elektrode innerhalb weniger Sekunden gemessen werden. Da sie von der Wassertemperatur abhängig ist, sollten Sie nur Geräte mit automatischer Temperaturkompensation verwenden. Die Werte sollten 47 bis 49 mS/cm betragen.
✔ Die Dichte wird mit einem Aräometer bei abgeschalteter Strömung gemessen. Die Glasspindel des Geräts wird in das Aquarium getaucht und sinkt je nach Salzmenge und Temperatur mehr oder weniger tief ins Wasser. Die Dichte sollte bei 25 °C Wassertemperatur zwischen 1,022 bis 1,024 g/cm liegen. Nachteil: Die Dichtemessung dauert

Das Muster des Dejardins Seebaders ist bei älteren Fischen besser zu sehen.

So sollte Ihr Pflegeplan aussehen

Täglich	Funktionsfähigkeit der Aquarientechnik (Heizung, Strömungspumpe, Beleuchtung, Abschäumung) überprüfen, Fütterung der Tiere, Zustand von Fischen und Korallen prüfen
Wöchentlich	Reinigung des mechanischen Filters (Watte auswechseln), Abschäumertopf entleeren und ausspülen, Wasserwerte messen, Aquarienscheiben reinigen
Monatlich	Ausströmersteine von luftbetriebenen Abschäumern wechseln, Wasserzufuhr des Bioreaktors kontrollieren
Vierteljährlich	Funktionsfähigkeit aller technischen Geräte überprüfen, Reinigung der Düsen von düsenbetriebenen Abschäumern, Meßgeräte eichen
Jährlich	Leuchtmittel erneuern (HQI-Lampen, Leuchtstoffröhren häufiger auswechseln)
Bei Bedarf	Algenmenge reduzieren, Korallen bei schlechtem Wachstum an einen geeigneteren Standort versetzen

länger als die Messung der Leitfähigkeit, hat keine automatische Temperaturkompensation und ist daher ungenauer.

Temperaturmessung

Die Temperatur im Aquarium sollte konstant bei 25 bis 27 °C liegen. Temperaturschwankungen, die auch Schwankungen der Salzkonzentration bedingen, bedeuten für die Aquarienbewohner Streß (→ Beheizung, Seite 33).

Messung des pH-Werts

Der pH-Wert gibt den Säure- bzw. den Basengehalt des Wassers an. Bei einem pH-Wert von 7,0 spricht man von einer neutralen Lösung, bei niedrigeren Werten von einem sauren, bei höheren Werten von einem basischen Milieu. Im Aquarium sollte er zwischen 8,1 und 8,2 liegen. Ermittelt werden sollte der PH-Wert mit einem elektrischen pH-Meßgerät, weil die im Handel erhältlichen chemischen Meßverfahren für die Meerwasseraquaristik nicht genau genug sind.

Der pH-Wert schwankt im Laufe des Tages. Während der Beleuchtungszeit steigt der Wert, da dem Wasser durch die Photosyntheseaktivität der Algen Kohlensäure (im Wasser gelöstes Kohlendioxid, das die Algen in Sauerstoff umwandeln) entzogen wird. Nachts atmen die Algen und geben Kohlendioxid ab. Der pH-Wert sinkt.
Eine schädliche Absenkung des pH-Wertes kann durch Säuren verursacht werden, die im Wasser durch den Abbau organischer Abfallstoffe entstehen. Sie kann durch die Zufuhr von Kalziumhydrogenkarbonat (→ Karbonathärte, Seite 44) vermieden werden.

Messung des Redoxpotentials

Das Redoxpotential ist ein Maß für die organische Belastung des Wassers und die Verfügbarkeit von Sauerstoff. Je höher das Redoxpotential ist, um so geringer ist der Gehalt an organischen Substanzen und um so höher ist der Sauerstoffgehalt im Wasser. Verwest ein Tier un-

Pannenhilfe

Anzeichen	Ursache	Abhilfe
Wasser wird trüb.	Algenblüte von Schwebealgen, Absterben einer größeren Algenmasse, verwesende Tiere. Es kann auch sein, daß Korallen, Seesterne oder Muscheln Samen in das Wasser abgeben.	Bei Algenblüte Abschäumer auf Höchstleistung stellen. Phänomen tritt häufig in der Startphase des Aquariums auf, ist aber nach kurzer Zeit vorüber. Bei Trübung durch tote Tiere und Algen, diese entfernen.
Abschäumer bringt keine Abschaumflüssigkeit.	Es sind noch keine oder nur wenige Tiere im Aquarium, zu fettes Futter, Absterben von Niederen Tieren (Wenn größere Gewebeteile verwesen, kann die Abschäumung aussetzen).	Sind noch keine Tiere im Aquarium, können Sie den Abschäumer ausschalten. Vermeiden Sie fettes Futter, das die Abschäumerleistung verringert.
Bläschen im Aquarium.	Hohe Sauerstoffproduktion durch Algen.	Nur bei sehr starker Blasenbildung ist Abhilfe nötig: Kürzere Beleuchtungszeit, Verringerung von Nitrat und Phosphat, Algenmenge reduzieren.
Fische torkeln.	Fischkrankheit oder Vergiftung z.B. durch verletzte giftige Seegurke im Wasser.	Analysen für Nitrit, Ammoniak. Aktivkohle einsetzen. Seegurke entfernen. Fische behandeln(→ Seite 50).

entdeckt im Aquarium, fällt das Redoxpotential rapide ab.
Gemessen wird das Redoxpotential mit einem elektrischen Meßgerät. Da das Redoxpotential von der Temperatur und dem pH-Wert des Wassers abhängig ist, müssen diese Werte mitberücksichtigt werden, ebenso wie die Art der verwendeten Meßelektrode. Das Redoxpotential sollte bei 26 °C und einem pH-Wert von 8,2 bei Verwendung einer Platinelektrode (häufigster Elektrodentyp) etwa 300 Millivolt betragen. Um das Krankheitsrisiko der Fische zu verringern, kann das Redoxpotenial künstlich durch Ozon erhöht werden (Ozongeräte gibt es im Zoofachhandel).
Hinweis: Ozon ist giftig. Nur bei Beachtung aller Schutzvorschriften eingesetzen!

Wasserwechsel

Ob und wie oft in Meerwasseraquarien ein Wasserwechsel durchgeführt werden sollte, ist umstritten. Früher war der Wasserwechsel die einzige Methode die Wasserqualität aufrechtzuerhalten. Bei funktionierender Aquarientechnik und richtiger Pflege sind Wasserwechsel heute aber kaum erforderlich. Da jeder Wasserwechsel Streß für die Aquarienbewohner bedeutet, sollte sich jeder Aquarianer das Ziel stecken, so wenige Wechsel wie möglich durchführen zu müssen.
Wann wird ein Wasserwechsel notwendig? Ein Wechsel sollte stattfinden, wenn die Grenzwerte für Ammonium, Nitrit, Nitrat, Phosphat etc. überschritten werden, oder sogenannte Bioindikatoren wie z.B. starkes Algenwachstum dazu

Anlaß geben. Wenn eine permanente Belastung des Wassers, z.B. durch einen Überbesatz mit Tieren, vorliegt, muß meist alle 14 bis 30 Tage gewechselt werden. Besser ist aber die Anschaffung einer leistungsfähigeren Technik.

Wie funktioniert der Wasserwechsel?

✔ Meerwasser ansetzen (→ Seite 39) und mindestens 24 Stunden warten (besser: 1 bis 2 Wochen). Mit einem Ausströmerstein und einer Luftpumpe belüften und durchmischen.

✔ Aquarientechnik bis auf die Beleuchtung vollständig abschalten.

✔ Einen Eimer von mindestens 10 Liter Volumen und einen Schlauch (Länge: 2-3 m, Durchmesser mindestens 12 mm) bereitstellen. Schlauchenden mit den Fingern zuhalten und ein Ende in das Aquarienwasser eintauchen. Schlauchenden öffnen und das Wasser, das durch den Höhenunterschied von Aquarium und dem am Boden stehenden Eimer von selbst fließt, in den Eimer leiten.

Wieviel Wasser wird getauscht?

✔ 10% des Wasserinhaltes bedeuten kein nennenswertes Risiko für Pflanzen und Tiere.

✔ 20-30% des Wasserinhaltes können Irritationen bei Korallen und Fischen bewirken.

✔ Wenn über 30 % ausgetauscht werden, ist mit einer Störung des biologischen Gleichgewichtes, bis hin zu Tierverlusten, zu rechnen!

Algenprobleme beseitigen

Durch Anreicherung von Stickstoff und Phosphat, bei falscher Beleuchtung sowie einem Mangel an Freßfeinden können sich lästige Faden- und Schmieralgen im Aquarium stark vermehren. Wenn Algenprobleme auftreten, sollten Sie zuerst Wasseranalysen durchführen, um die Konzentrationen von Nitrat und Phosphat zu überprüfen. Wenn die Wasseranalysen keine überhöhten Werte aufweisen, liegt meist eine falsche Besetzung vor. Setzen Sie vermehrt

VERSORGUNG IM URLAUB

Wenn Sie keine zuverlässige Urlaubsvertretung haben, sollten Sie folgende Vorbereitungen treffen:

✔ Achten Sie schon beim Kauf des Aquariums auf einen ausreichend großen Vorratsbehälter für Ihre Wasserstandsregelung und schaffen Sie am besten einen Futterautomaten an.

✔ Setzen Sie 2 bis 3 Wochen vor Ihrer geplanten Abreise keine neuen Tiere in das Aquarium.

✔ Reinigen Sie Filter und Abschäumer.

✔ Die Vorbereitungen für Ihr Aquarium sollten rund 3 bis 5 Tage vor Ihrer Abreise abgeschlossen sein. Nur so können Sie Fehler gegebenenfalls noch rechtzeitig korrigieren.

✔ Auch bei gut ausgestatteter Wasseraufbereitungstechnik sollte die Abwesenheit des Pflegers 2 bis 3 Wochen nach Möglichkeit nicht überschreiten.

✔ Falls Sie eine Urlaubsvertretung haben, erklären Sie ihr die Fütterung der Tiere und alle während Ihres Urlaubs nötigen Pflegearbeiten am Aquarium. Hinterlassen Sie der Urlaubsvertretung für Notfälle die Telefonnummer Ihres Fachhändlers.

Freßfeinde der Algen ein. Algenprobleme entstehen auch durch größere Freiflächen im Aquarium. Entfernen Sie die Algen und setzen Sie lebende Steine oder Korallen ein.

Maßnahmen bei Überschreiten der Grenzwerte:

✔ Fischanzahl reduzieren, falls möglich.

✔ Futtermenge verringern.

✔ Filteranlage und Eiweißabschäumer regelmäßiger warten und die Leistung erhöhen.

✔ Beleuchtungszeit reduzieren (5 bis 6 Stunden). Lichtstärke überprüfen und alte HQI-Lampen gegebenfalls auswechseln.

✔ Kurzfristig kann eine Entfernung der Algen durch Abzupfen oder Absaugen mit Schlauch und Eimer helfen. Ein damit verbundener wöchentlicher Wasserwechsel von 10 bis 15% des Beckeninhalts kann in ein bis zwei Monaten die Nitrat- und Phosphatkonzentrationen halbieren. Ohne Verbesserungen bei der Pflege bzw. der Aquarientechnik ist eine langfristige Beseitigung der Algenprobleme kaum möglich.

Die Fütterung

Im Zoofachhandel sind lebendes Futter, Gefrier- und Trockenfutter für Ihre Aquarienbewohner erhältlich. Empfehlenswert ist neben Lebendfutter Gefrierfutter, das von Fischen besser angenommen wird. Zudem werden Gefrierfutterreste besser von den Reinigungsgeräten aufgenommen als Trockenfutter. Trockenfutter kann zur Überbrückung während des Urlaubs im Futterautomaten verwendet werden.

Fische, Krebse und andere Wirbellose: Wichtigstes Futter sind Kleinkrebse, z.B. Artemia, Krill, Mysis oder auch Mückenlarven. Die Größe des Futters soll der Größe der Mundöffnung entsprechen (2 bis 10 mm). Die Futtermenge ist von der Größe der Tiere abhängig.

Korallen: Die Fütterung von Korallen ist von ihrer Art und der angebotenen Lichtmenge abhängig. Fast alle Korallen leben vorwiegend von ihren Stärke produzierenden Zooxanthellen. Die ideale Ergänzung stellt lebendes oder gefrorenes tierisches Mikroplankton (Größe: unter 1 mm) dar, das einfach in das Wasser gegeben wird. Die Zugabe sollte regelmäßig, z.B. einmal pro Woche, erfolgen. Einige Anemonen fressen auch Kleinkrebse wie Mysis, Krill und Artemia, die alle ein bis zwei Wochen mittels Futterspritze oder Futterrohres (Zoofachhandel) verfüttert werden. Symbioseanemonen nehmen auch Garnelen und Muschelfleisch (Größe der Futterstücke: 1-3 cm).

Richtwerte für Beispielaquarien

Aquarium mit Fischen, Algen und Wirbellosen: 5 mal wöchentlich 1 bis 2 Teelöffel gefrorene Artemia oder Mysis. 1 mal wöchentlich tierisches Mikroplankton und Fütterung der Teppichanemone mit 2 Garnelenstückchen.

Aquarium mit Fischen und Algen: 5 mal wöchentlich 1 bis 2 Teelöffel Krill, Mysis, Artemia.

Seepferdchenaquarium: 5 mal wöchentlich 1 Teelöffel Artemia oder Mysis. Das Futter der Seepferdchen muß mit einer Futterspritze in den Schwimmbereich gegeben werden.

Flammenwächter-Büschelbarsche ernähren sich von kleinen Krebsen.

7 Goldene Regeln

zur Fütterung

1 Immer zum gleichen Zeitpunkt füttern. Die Fische stellen sich auf den Zeitpunkt ein.

2 Die Filterpumpe muß während der Fütterung ausgeschaltet werden. Das Futter wird sonst in den Filter gesaugt.
Es gibt sogenannte Foodtimer,die den Filter und auch Strömungspumpen während der Futterzeit für ca. 10 Min. automatisch ausschalten.

3 Gefrierfutter muß immer vorher aufgetaut werden. Niemals gefroren verfüttern. Verwenden Sie zum Auftauen warmes Aquarienwasser in einem Becher.

4 Das Futter für die Tiere muß mundgerecht sein.

5 Geben Sie das Futter in mehreren kleinen Portionen nacheinander ins Becken, damit kein Futter am Boden liegenbleibt und nicht gefressen wird.

6 Das Futter muß so eingegeben werden, daß alle Fische Futter bekommen. Es gibt langsamfressende und zurückhaltende Fische und Fische, die sehr schnell und rücksichtslos um das Futter kämpfen. Geben Sie das Futter deshalb an mehreren Stellen gleichzeitig in das Aquarium.

7 Achten Sie darauf, daß alle Aquarienbewohner mit geeignetem Futter versorgt werden. Für Pflanzenfresser sollte pflanzliche Nahrung bereitstehen (Algen) und für reine Fleischfresser tierische Nahrung.

Gesundheitsvorsorge und Krankheiten

Die beste Gesundheitsvorsorge für Ihre Aquarienbewohner ist eine gute Wasserqualität. In einem gut gepflegten Aquarium treten kaum Krankheiten auf. Sie können auftreten, wenn:

✔ neue oder kranke Tiere eingesetzt werden.

✔ hohe Nitrit- oder Ammoniakkonzentrationen aufgetreten sind.

✔ große Mengen Beckenwasser mit frisch angesetztem Salzwasser gewechselt wurden (über 40 %). Das frische Wasser bedeutet für die Aquarienbewohner wegen fehlender Schutzkolloide (→ Seite 39) unnötigen Streß.

✔ Tiere unterernährt sind oder ständig von anderen Tieren gejagt werden.

✔ Vergiftungen, z.B. durch verletzte giftige Seegurken oder faulende Kadaver oder physiologische Belastungen, z.B. Temperatur-, pH- oder Salzgehaltsschwankungen, auftreten.

Fischkrankheiten

Die häufigste Erkrankung bei Meerwasserfischen ist der Befall mit Ektoparasiten, die in einer bestimmten Entwicklungsphase am Körper des Fisches sichtbar werden. Am bekanntesten sind die Erreger *Odinium ocellatum* (Korallenfischkrankheit) und *Cryptocaryon irritans* (Pünktchenseuche). Beide Erreger sind sehr ansteckend, weil sie wie Plankton durch das Wasser schweben und alle Fische befallen können.

Odinium-Erreger sind nur rund 0,1 mm groß und sind als samtartige Überzüge auf der Fischhaut erkennbar. Die Fische scheuern sich an Steinen und Korallen. Die Erreger dringen in das Kiemengewebe ein und zerstören es. Starker Befall führt zu Atemnot und Ersticken.

Cryptocaryon-Erreger sind ca. 1 mm groß und bilden milchig-weiße Knötchen auf der Haut und in den Kiemen. Die Fische scheuern sich an Steinen und Korallen und leiden unter Atemnot. Bei starkem Befall können die Fische 4 bis 5 Tage nach ersten Symptomen eingehen.

Die Behandlung beider Erreger ist mit einer Kupfersulfatlösung (Zoofachhandel) in einem Quarantänebecken möglich. Wirbellose Tiere und Höhere Algen dürfen nicht mitbehandelt werden. Da die Ursachen beider Krankheiten oft schlechte Wasserverhältnisse sind, sollten Sie zusätzlich zur Behandlung der Fische Maßnahmen ergreifen:

✔ Mechanischen Filter reinigen.

✔ Abschäumer auf maximale Leistung stellen.

✔ Viele erfahrene Aquarianer empfehlen dazu einen Wasserwechsel mit »gealtertem« Wasser.

✔ Mit Präparaten, die Kaliumpermanganat oder andere starke Oxidationsmittel enthalten (Zoofachhandel), lassen sich die Hygienebedingungen verbessern. Diese Mittel können in Aquarien mit Algen und Wirbellosen eingesetzt werden.

✔ Auch eine Erhöhung der Wassertemperatur auf 29 °C und das Abschalten der Beleuchtung für zwei Tage reduziert die Erregerzahl.

Neben diesen Maßnahmen gibt es auch andere Methoden, um die Hygieneverhältnis-

Gelbschwanz-Demoisellen und andere Riffbarsche sind kaum krankheitsanfällig.

Eine hohe Wasserqualität verhindert Krankheiten von Fischen und Wirbellosen.

se im Aquarium zu verbessern. Informieren Sie sich beim Auftreten von Krankheiten in jedem Fall bei Ihrem Fachhändler oder bei erfahrenen Meerwasseraquarianern über geeignete Behandlungsmethoden. Neben dem Befall mit Parasiten gibt es eine große Zahl bakterieller Erkrankungen, Pilzerkrankungen und Virusinfektionen, die aber selten und meist nur vom Fachmann erkennbar sind. Für alle gibt es im Zoofachhandel Behandlungsmittel.

Plagegeister von Korallen

Im Aquarium werden Korallen oft von Freßfeinden befallen, z.B. von kleinen Schnecken und Krebsen. Meist sind diese etwa 5 bis 10 mm großen Parasiten nachts aktiv und haben eine ähnliche Körperfarbe wie ihre Opfer. Befallene Korallen sind an Fraßspuren zu erkennen. Mit geübtem Auge können Sie diese Plagegeister aufspüren und mit einer Pinzette entfernen. Korallen werden auch von Planarien, 1 bis 3 mm großen, rot, grün oder bräunlich gefärbten Plattwürmern, befallen. Die Behandlung ist mit im Zoofachhandel erhältlichen Präparaten möglich. Natürliche Feinde der Würmer sind z.B. Leierfische. Oft genügt es, die Würmer mit einem Schlauch abzusaugen und ein Paar Leierfische einzusetzen.

VERHALTENSWEISEN BEOBACHTEN

Wenn Sie sich Zeit für Beobachtungen nehmen, können Sie in Ihrem Meerwasseraquarium eine Menge interessanter Verhaltensweisen von Fischen und wirbellosen Tieren kennenlernen, die sich im Laufe der Evolution durch Anpassung an das Leben im Korallenriff entwickelt haben.

Verhaltensweisen von Fischen

Revierverhalten: Viele Fischarten zeigen ein ausgeprägtes Revierverhalten. Sie beanspruchen ein bestimmtes Gebiet im Aquarium und schlagen jeden Eindringling in die Flucht. Doktorfische, wie der Gelbe Seebader, zeigen ihren Revieranspruch durch das Hochstellen der Rückenflossen. Kommt ihnen ein anderer Doktorfisch zu nahe, stellen sie ihr »Skalpell« (Dorn an der Schwanzwurzel, der den Doktorfischen ihren Namen gibt) auf und attackieren den Gegner »messerscharf«. Dabei kann es zu schweren Verletzungen kommen.
Eingewöhnte Anemonenfische und Schleimfische zwicken sogar die Pflegerhand, um ihrem Revieranspruch Nachdruck zu verleihen.
Schwarmverhalten: Die wohl bekannteste Schutzmaßnahme von Fischen ist das Schwarmverhalten. Es erschwert Freßfeinden das Beutemachen, da sie sich bei der Jagd nicht auf einen einzelnen Fisch konzentrieren können. Im Meerwasseraquarium läßt sich das Schwarmverhalten gut an Riffbarschen beobachten, die in kleinen Trupps von vier bis fünf Fischen zwischen den Korallen schwimmen. Ein Riffbarsch, der einzeln gehalten wird, ist scheuer und ängstlicher als seine Artgenossen im Schwarm.
Fortpflanzungsverhalten: Das Balz-, Paarungs- und Brutverhalten von Meerwasserfischen ist faszinierend und kann so leicht nicht durch andere aquaristische Erlebnisse übertroffen werden. Erst seit Anfang der 90er Jahre ist es mehr und mehr möglich, Meerwasserfische in Aquarien zu züchten. Eine dauerhafte Paarhaltung ist im Aquarium zwar nicht immer für alle Fischarten möglich. Aber wo es möglich ist, sollte man unbedingt versuchen ein Pärchen zu halten.
Es gibt sogar einige Fischarten, die unbedingt einen Partner brauchen um sich »normal« zu verhalten. Zu diesen Fischen gehören einige Grundelarten (Partnergrundeln) und alle Anemonenfische.
Gelbe Lippfische zeigen ein sehr interessantes Verhalten bei der Ausbildung ihres Geschlechts. Wenn Sie zwei gleich große Jungtiere ins Aquarium geben, entwickelt sich ein Tier zum Männchen, das andere zum Weibchen. Das Männchen ist an grünen Streifen am Kopf zu erkennen und wird etwas größer als das Weibchen.

Das Zusammenleben von Anemone und Anemonenfischen ist nur eine der vielen Lebensgemeinschaften an den tropischen Korallenriffen.

TIP

Zum Beobachten

✔ Zum Beobachten setzen Sie sich ruhig vor das Aquarium. Nehmen Sie sich mindestens 15-30 Minuten Zeit, denn die Fische benötigen etwas Zeit, bis sie den Betrachter nicht mehr als Störung wahrnehmen. Hektisches Hin- und Herlaufen können die Fische genauso beobachten, wie Sie das Verhalten der Tiere im Becken.
✔ Es kann sehr interessant sein, abends mit einer Taschenlampe in das Aquarium zu schauen. Viele Tiere werden erst nachts aktiv. Korallen nehmen andere, interessante Formen an. Sie ziehen sich beispielsweise zum »Schlafen« zusammen oder gehen auf Planktonfang, indem sie ihre Fangarme ausstrecken. Ebenso sind jetzt auch Räuber, wie Nacktschnecken und Krebse, die den Korallen schaden (Fraßspuren) können, unterwegs. Wenn Sie die Schädlinge ausgemacht haben, genügt einfaches Aufsammeln der tagsüber schwer auffindbaren Plagegeister.

Auch bei vielen anderen Fischarten kann man diese Verhaltensweise beobachten, die zum Überleben der einzelnen Fischart im Riff beiträgt. Wenn ein älterer Fisch den Partner verloren hat, kann ein heranwachsender Jungfisch sein Geschlecht noch passend ausbilden. Bei sehr jungen Fischen einiger Arten, wie z.B. den Anemonenfischen, ist sogar eine Umwandlung des bereits ausgebildeten Geschlechts noch möglich.
Bei einem Feenbarsch-Pärchen ist das größere Tier meist das Männchen. Eine Paarbildung gelingt daher häufig durch das Zusammensetzen von einem kleinen und einem größeren Tier.
Wenn das Fischpaar ablaichen möchte, sucht sich das Männchen eine Höhle und polstert es mit natürlichem Baumaterial aus dem Aquarium, z.B. mit Algen, Schwämmen und kleinen Steinen, aus. Falls keine passende Höhle zu finden ist, versucht das Männchen aus dem genannten Baumaterial eine Höhle für die Eiablage zu bauen, in die das Weibchen die Eier ablegt. Die geschlüpften Jungfische sind sehr klein und nur in planktonreichen, separaten Aquarien aufzuziehen. Im Aquarium dienen sie leider nur als Lebendfutter.
Bei Anemonenfischen reinigt das Männchen zur Eiablage eine glatte Fläche in Nähe der Wirtsanemone, an die das Weibchen seine Eier klebt. Diese werden vom Männchen befruchtet und gepflegt. Das Männchen fächert mit seinen Flossen laufend sauerstoffreiches Wasser über das Gelege, um einer Verpilzung der Eier vorzubeugen. Sollte ein Ei absterben, wird es vom Männchen abgezupft, um das restliche Gelege nicht zu gefährden (→ Seite 55). Die Eltern entfernen sich nur kurzfristig zum Fressen von ihrem Gelege und reagieren während der Brutpflege ganz besonders aggressiv gegenüber Eindringlingen. Da sie auch die Pflegerhand attackieren, sollten die Fische möglichst ungestört bleiben. Die Brutpflege dauert, je nach Temperatur und Anemonenfischart, 8 bis 11 Tage. Die frisch geschlüpften Jungfische können nur in einem separaten Aquarium aufgezogen werden. Im Aquarium fehlt es ihnen am geeigneten Futter und ausreichendem Schutz gegenüber anderen Tieren.
Ungewöhnlich ist die Paarung von Seepferdchen. Beim Balzen schwimmt das Männchen mit vergrößertem Bauchbeutel um das Weibchen. Zur Paarung halten sich Männchen und Weibchen mit ihren Schwänzen aneinander fest

Ein Pärchen Weißstirn-Anemonenfische bewacht sein Gelege.

und das Weibchen legt die Eier in den Beutel des Männchens, wo sie befruchtet werden (→ Seite 57). Nach ca. 4 Wochen werden bis zu 1 cm große junge Seepferdchen aus dem Beutel des Männchens entlassen. Auch die Aufzucht von Seepferdchen ist nur in einem separaten Aquarium möglich.

Verhalten von Wirbellosen

Das »Wandern« von Anemonen: Einige Anemonenarten, können ihren Standort im Aquariumwechseln. Meist ist dieses »Wandern« der Anemonen ein Anzeiger dafür, daß der ursprüngliche Ort den Ansprüchen der Anemone nicht genügt hat oder Unverträglichkeiten mit anderen Korallen aufgetreten sind. Die Anemonen lösen ihren Fuß vom Boden und lassen sich von der Strömung zu einem neuen Platz treiben. Eine Symbioseanemone wandert im Aquarium so lange, bis sie den bestmöglichen Platz für sich gefunden hat. Lederkoralle oder Weichkoralle, die einen schlechten Standort bekommen haben und im Gegensatz zu Anemonen nicht wandern können, versuchen, dem Licht entgegen zu wachsen. Die Korallen entwickeln lange »Hälse« und Tentakel um besser an das Licht zu gelangen. Sie sollten sie an einen helleren Standort umsetzen (→ Fortsetzung Seite 58).

DOLMETSCHER

Sie können viele interessante Beobachtungen machen, wenn Sie das Verhalten Ihrer Aquarienbewohner verstehen.

☞ ***Dieses Verhalten zeigen meine Tiere.***

? ***Was drücken die Tiere mit diesem Verhalten aus.***

! ***So reagieren Sie richtig auf das Verhalten.***

☞ Großer Fleck auf der Rückenflosse.

? Der »Augenfleck« dient dem Mirakelbarsch als Tarnung. Freßfeinde werden irritiert.

! Normale Musterung.

☞ Grundeln nehmen Sand auf.

? Verhalten bei der Nahrungssuche.

! Für Grundeln muß feiner Korallensand im Aquarium vorhanden sein.

☞ Büschelbarsch sitzt auf einem Stein.

? Der Fisch beobachtet seine Umgebung.

! Büschelbarsche haben ein anderes Schwimmverhalten als freischwimmende Fische.

☞ Anemone zieht sich zusammen.

? Schutz vor Freßfeinden.

! Anemonen nicht mit zu vielen Zwergkaiserfischen oder anderen Fischen halten, die an ihr zupfen.

Gelbe Seebader mit aufgestellten Flossen.

Revierverteidigung.

Besser nur ein einzelnes Exemplar halten, um Kämpfe zu vermeiden.

Putzerfisch zeigt schaukelnde Bewegung.

So ist er für andere Fische als »Putzer« erkennbar

Beobachten Sie, wie er Parasiten abzupft.

Seepferdchen »umarmen« sich.

Paarungsverhalten. Das Weibchen legt Eier in den Bauchbeutel des Männchens.

Nicht stören. Unruhe vermeiden.

Putzergarnele tastet einen Fisch ab.

Sie sucht Haut und Kiemen nach Parasiten ab.

Verhalten zum Nutzen von Fisch und Garnele.

Seepferdchen mit verdicktem Bauchbeutel.

Trächtiges Männchen.

Jungtiere nach der Geburt in einem separaten Aquarium aufziehen.

Weißband-Putzergarnelen befreien Fische von lästigen Parasiten.

Vermehrung von Korallen: Faszinierend sind die vielfältigen Möglichkeiten der Vermehrung von Korallen. Die geschlechtliche Vermehrung der Korallen durch Aussenden von Eiern und Samenzellen ist in der Aquaristik noch relativ unerforscht und wurde selten beobachtet. Korallen vermehren sich im Aquarium aber sehr leicht durch Knospung oder Teilung.

Zum Beispiel bilden Scheibenanemonen durch Knospung sogenannte Tochterindividuen, die sich von der Fußscheibe der Anemone abtrennen. Scheibenanemonen können sich auch teilen. Dabei bildet sich, wie z.B. bei Elefantenohren häufig zu sehen, nach und nach eine zweite Mundöffnung, bis zwei neue, eigenständige Anemonen entstanden sind.

Künstlich können Sie ihre Korallen durch die Abtrennung von Korallenteilen vermehren. Die Teile werden abgeschnitten, gebrochen oder abgeschnürt und an einer anderen Stelle im Aquarium fixiert. Sie werden z.B. an Steine gebunden oder geklemmt, bis die neue Koralle am Substrat festgewachsen ist. Diese einfache Methode kann gut bei Lederkorallen und Weichkorallen angewendet werden.

Vermehrung von Seesternen: Viele Seesterne vermehren sich geschlechtlich über Laich. Man kann aber z.B. bei *Linckia*-Arten, wie dem Blauen Seestern, auch ungeschlechtliche Vermehrung beobachten. Dabei stößt der Seestern ein oder zwei Arme ab, aus denen sich jeweils ein neuer Seestern bildet.

Das Zusammenleben von Fischen und Wirbellosen

Es gibt eine Vielzahl spannender Verhaltensweisen, die sich durch das Zusammenleben von Fischen und Wirbellosen im Korallenriff entwickelt haben.
Fische benutzen die Korallen nicht nur als Versteckmöglichkeit, sondern nutzen sie auch zur Pflege ihrer Haut. Sie streifen Hautparasiten an den klebrigen Oberflächen der Korallen ab oder lassen sie sich beim nahen Vorbeischwimmen von den Korallenpolypen abnehmen, die die Parasiten vertilgen.
Viele Korallen sind Nahrung für die Fische. Im Aquarium erkennt man das daran, daß sich die Korallen zum Schutz vor Freßfeinden ganz oder teilweise zusammenziehen, wenn bestimmte Fischarten, z.B. Zwergkaiserfische, an den Polypen der Korallen zupfen. Manche Korallen entwickeln Abwehrmechanismen gegen ihre Feinde. Z.B. lassen Teppichanemonen bei Berührung weiße, bitter schmeckende Fäden aus ihrer Mundscheibe hängen. Freßfeinde geraten zuerst an diese Fäden und die Koralle schützt sich so davor, gefressen zu werden.
Im Meerwasseraquarium gibt es aber auch zahlreiche Lebensgemeinschaften, die auf gegenseitigem Nutzen der beteiligten Tiere basieren. Putzergarnelen beispielsweise reinigen Haut und Kiemen vieler Korallenfische von Parasiten. Sie reinigen sogar das Maul der Fische. Die Fische stellen während der Putzarbeit ihr Beuteverhalten ein und lassen die sonst schmackhaften Garnelen ihre Putzarbeit verrichten. Diese Pflegeleistung wird auch von einigen Lippfischen (Putzerfische) verrichtet.

Die bekannteste Lebensgemeinschaft ist aber die der Wirts- oder Symbioseanemonen mit den Anemonenfischen der Gattung *Amphiprion*. Die Anemonenfische finden zwischen den nesselnden Tentakeln der Anemone Schutz vor ihren Feinden. Das Nesselgift befindet sich nach kurzer Anpassungszeit auch auf der Haut der Anemonenfische und erhöht den Schutz vor Freßfeinden. Umgekehrt verteidigen die Anemonenfische ihre Anemone gegen Freßfeinde, wie z.B. Kaiserfische, die gerne an den Tentakeln der Anemonen zupfen. Nahrung erhalten die Symbioseanemonen hauptsächlich von den lichtabhängigen einzelligen Algen, den Zooxanthellen, die in ihrem Gewebe leben. Außerdem ernähren sie sich von vorbeischwebendem Plankton und von kleinen Fischen und Krebsen, die sie mit den Nesselzellen an ihren Tentakeln fangen. Die Anemonenfische beteiligen sich dagegen nicht an der Nahrungsbeschaffung für die Anemone, was lange vermutet wurde. Im Aquarium kann man beobachten, daß die Anemonen sogar oft größere Futterbrocken unfreiwillig mit den Anemonenfischen teilen müssen. Die Anemonenfische transportieren zwar Futterbrocken zur Anemone. Die Anemone erhält aber nur erst dann einen Happen, wenn der Anemonenfisch völlig satt ist.

Ein Rotschwanz-Schleimfisch beobachtet von einem Stein mit Krustenanemonen und Kalkrotalgen die Umgebung.

REGISTER

Die halbfett gesetzten Seitenzahlen verweisen auf Farbfotos und Zeichnungen.

Königs-Feenbarsch (Gramma loreto)

Adressen, die weiterhelfen

- Verband Deutscher Vereine für Aquarien- und Terrarienkunde e.V. (VDA), Geschäftsstelle: Hans und Ingrid Stiller, Luxemburger Str. 16, 44789 Bochum
Hinweis: Der VDA gibt Auskunft über aktuelle Adressen und Aquarienverbänden in Ihrem Wohnbereich, hilft weiter bei Vermittlung von Kontakten (z. B. Hilfe bei Fischkrankheiten, Beschaffung von seltenen Fischen).

- Bundesverband für fachgerechten Natur- und Artenschutz e. V. (BNA), Postfach 11 10, 76707 Hambrücken
Hinweis: Dachverband der Vereine und Verbände der privaten Tierhalter. Vertritt deren Interessen v. a. bei Belangen der Artenschutzgesetzgebung.

- Institut für Zoologie, Fischereibiologie und Fischkrankheiten der Tierärztlichen Fakultät LMU München, Kaulbachstr. 37 80539 München

- Österreichischer Verband für Vivaristik und Ökologie, Landesverband Niederösterreich, Richard Pfister, Langenlebarnerstr. 50, A- 3430 Tulln

Sachversicherung

- Deutscher Ring Kundenservice 20449 Hamburg

- Z.O.F. GmbH Bahnhofstr. 65 31008 Elze

Fragen zur Aquaristik beantworten auch

Ihr Zoofachhändler und der Zentralverband Zoologischer Fachbetriebe Deutschlands e.V., 63225 Langen, Tel. 06103/910732 (nur telefonische Auskunft möglich)

Bücher, die weiterhelfen

- Baumeister, Werner: Meeresaquaristik. Verlag Eugen Ulmer, Stuttgart.
- Delbeek, J. C. und Sprung, J.: Das Riffaquarium (Band 1 und 2). Dähne Verlag GmbH, Ettlingen.
- Fosså, S. A. und Nilsen, A. J.: Korallenriff-Aquarium (Band 1-6). Birgit Schmettkamp Verlag, Bornheim.
- Stadelmann, Peter: Das Aquarium. Gräfe und Unzer Verlag, München.
- Thaler, Ellen: Fische beobachten. Verlag Eugen Ulmer, Stuttgart.
- Tunze, A. und Tunze, N.: Aquarienökologie. (erhältlich bei: Tunze Aquarientechnik GmbH, Penzberg).
- Wilkens, Peter: Niedere Tiere im tropischen Seewasseraquarium. Dähne Verlag GmbH, Ettlingen.

Zeitschriften

DATZ.
Aquarien- und Terrarien-Zeitschrift. Eugen Ulmer Verlag, Stuttgart

Das Aquarium.
Birgit Schmettkamp Verlag, Bornheim

Aquarium heute.
Aquadocomenta Verlag GmbH, Bielefeld

Aquarium live.
Bede Verlag GmbH, Ruhmannsfelden

Der Meerwasser Aquarianer.
Rüdiger Latka Verlag, Rastatt

Der Autor

Axel Tunze studierte Physikalische Technik mit dem Schwerpunkt Technischer Umweltschutz. Neben dem Studium leitete er ein Meerwasser-Fachgeschäft und ist heute Geschäftsführer der TUNZE Aquarientechnik GmbH.

Die Zeichnerin

Renate Holzner arbeitet als freie Illustratorin in Regensburg. Ihr Repertoire reicht von Strichzeichnungen über fotorealistische Illustrationen bis zur Computergrafik.

Die Fotografen

Angermayer: Seite 18 u.li., 24 o.li., 57 o.re.; Bilder Pur/Bavendam: Seite 15 o.li.; Bilder Pur/Gibbs/OSF: Seite 18 o.li., 34; Bilder Pur/ Göthel: Seite U1 (kleines Foto); Bilder Pur/ Hulse/Rainbow: Seite 23; Bilder Pur/Huss/ Wildlife: Seite 8; Bilder Pur/Kerstitch/ Global: Seite U4; Bilder Pur/NAS/Hall: Seite 52, 55; Bilder Pur/NAS/Mc Hugh: Seite 56 o.re., 57 u.re.; Bilder Pur/NAS/Mc-Connaughey: Seite 25 o.re.; Bilder Pur/NAS/ Myers: Seite 20; Bilder Pur/Tavernier/BIOS: Seite 6/7, 14 o.li.; Bilder Pur/Westmorland/Global Pic: Seite 56 u.mi.; blickwinkel/Aßmann: Seite 15 u.re.; blickwinkel/Göthel: Seite 4/5, 19 o.re., 24 mi.re., 25 u.re.; Kahl: Seite 9, 10, 11, 13, 21, 24 o.re., 24 u.li., 36, 48, 49 (kleines Foto), 50, 53, 57 u.li., 64/U3; König: Seite 2/3, 14 mi.re., 18 mi.re., 19 o.li., 25 mi.li., 27 re., 38, 56 mi.re., 59, 61; Lange/Angermayer: Seite 67 o.li.; Nieuwenhuizen: Seite 22, 30, 33, 35; Schmidbauer: Seite 27 li.; Schraml: Seite 43, 51, 56 mi.li.; Silvestris/ Attken: Seite 25 o.li.; Silvestris/Fleetham: Seite U1 (großes Foto), 15 mi.li.; Silvestris/Hecker: Seite 15 o.re., 58; Silvestris/Riepl: Seite 16; Silvestris/Weinzierl: Seite U2, 14 u.li., 49 (großes Foto), 57 mi.re.; Spreinat: Seite 12, 19 mi.li., u.re., 31, 42, 44; Tunze: Seite 18 o.re. Verlag A.C.S./ Brei: Seite 14 o.re.

Dank

Autor und Verlag danken Herrn Rechtsanwalt Reinhard Hahn für die juristische Beratung und Brigitte und Norbert Tunze für ihre Mitarbeit.

An unsere Leserinnen und Leser

Wir freuen uns, Ihre Meinung zu diesem TierRatgeber zu erfahren. Bitte schreiben Sie uns, wenn Sie Berichtigungen und Ergänzungsvorschläge haben oder wenn Ihnen etwas besonders gut gefällt.

Gräfe und Unzer Verlag
Redaktion Natur
Stichwort: TierRatgeber
Postfach 86 03 66
D-81630 München

Fotos: Buchumschlag und Innenteil

Umschlagvorderseite: Schwarz Gerandeter Orangeringel-Clownfisch (großes Foto) und Perl-Seesterne (kleines Foto). Umschlagrückseite: Mandarinfisch. Seite 1: Mandarinfisch. Seite 2/3: Roter Zwergkaiserfisch. Seite 4/5: Tropisches Korallenriff. Seite 6/7: Langschnauzen-Büschelbarsch. Seite 64: Falks Büschelbarsch.

Impressum

Redaktion: Sabine Schulz, Anita Zellner
Lektorat: Birgit Hausenberger
Umschlaggestaltung und Layout: Heinz Kraxenberger
Zeichnungen: Renate Holzner
Herstellung: Verena Römer
Satz: Heide Blut
Reproduktion: Fotolito Longo
Druck und Bindung: Stürtz

ISBN 3-7742-3713-1

Auflage 4. 3. 2. 1.
Jahr 02 01 2000 99

Wichtige Hinweise

In diesem Buch sind elektrische Geräte zur Aquarienpflege beschrieben. Beachten Sie unbedingt die Hinweise auf Seite 32 sowie die Sicherheitshinweise und Installationsvorschriften der Aquarientechnik-Hersteller.
Prüfen Sie vor der Anschaffung eines Meerwasseraquariums die Belastbarkeit des Fußbodens in Ihrer Wohnung am vorgesehenen Aquarienstandort. Wasserschäden durch Glasbruch, Überlaufen oder Leckwerden des Beckens können nicht immer vermieden werden. Schließen Sie deshalb unbedingt eine Versicherung ab.
Achten Sie darauf, daß Fischmedikamente und Chemikalien für die Aufbereitung des Meerwassers für Kinder unerreichbar aufbewahrt werden.
Fassen Sie nesselnde Anemonen nur mit Handschuhen an, da Verletzungen der Haut durch das Nesselgift sonst nicht auszuschließen sind.

1 Wie unterscheiden sich Süßwasser- und Meerwasseraquarien?

In den meisten Meerwasseraquarien leben neben Fischen eine Vielzahl wirbelloser Tiere wie Korallen, Krebse, Muscheln und Seesterne.

2 Ist ein Meerwasseraquarium teurer als ein Süßwasseraquarium?

Ja. Ein durchschnittliches Meerwasseraquarium mit einem Beckenvolumen von 300 Litern kostet etwa 50 bis 100% mehr als ein vergleichbares Süßwasseraquarium.

3 Kann ich ein Süßwasserbecken zu einem Meerwasseraquarium umgestalten?

Ja, wenn Ihr Aquarium groß genug ist. Die Aquarientechnik muß mit speziellen Geräten für die Meerwasseraquaristik (z.B. Eiweißabschäumer) erweitert werden.

4 Kann ich Teile der Dekoration aus der Süßwasseraquaristik verwenden?

In der Regel nicht. Meerwasseraquarien werden mit »lebenden« Steinen (von Algen, Schwämmen, Krebsen etc. bewohntes Riffgestein) und Korallensand dekoriert.

5 Warum braucht man im Meerwasseraquarium soviel Licht?

Korallen leben von Lichtenergie. In ihrem Gewebe sind Algen eingelagert, die die Koralle durch Photosynthese mit Sauerstoff und Nährstoffen versorgen.

Der Experte gibt Antwort auf die 10 häufigsten Fragen zum Meerwasseraquarium.